Otto von Frisch

Kanarien
Vögel
richtig pflegen und verstehen

Experten-Rat
für die artgerechte Haltung

Farbfotos: Uwe Anders
Zeichnungen:
Steffen Walentowitz

W0196998

GU GRÄFE UND UNZER

Inhalt

Vorwort

Kanarien sind nach den Wellensittichen die am häufigsten gehaltenen Heimtiere. Beliebt sind sie, weil sie hübsch sind, vor allem aber wegen ihres schönen Gesangs. Kein anderer Heimvogel singt so schön wie der Girlitz von den Kanarischen Inseln, der vor 500 Jahren zu uns kam. Bei allem Entzücken über diesen charmanten Vogel darf man aber nicht vergessen, daß das Tier sich auch etwas von seinen Haltern wünscht: nämlich eine fürsorgliche Pflege, die seinen artgemäßen Bedürfnissen gerecht wird. Worauf es dabei ankommt, sagt Ihnen in diesem neuen GU Tier-Ratgeber Vogel-Experte Otto von Frisch. Der bekannte Autor erklärt, was man beim Kauf von Käfig und Ausstattung beachten muß, wie man das Vertrauen des Vogels gewinnt, wie man ihn richtig ernährt oder was zu tun ist, wenn er einmal krank werden sollte. Wer sich Vogelnachwuchs wünscht, findet alle nötigen Informationen. Und damit man die Kleinvögel besser verstehen lernt, handelt ein eigenes Kapitel von ihren vielfältigen Verhaltensweisen. Alle Erklärungen und Anleitungen sind leicht nachvollziehbar, so daß auch Kinder an den Umgang mit ihrem Tier herangeführt werden können. Brillante Farbfotos sowie informative Zeichnungen ergänzen den Text und vermitteln ein lebendiges Bild dieses liebenswerten Vogels.
Viel Freude mit Ihrem Kanarienvogel wünschen Ihnen der Autor und die GU Naturbuch-Redaktion.

Ein Kanarienvogel ist nicht nur ein hübscher Vogel, sondern ein Ausbund an Lebensfreude. Tragen Sie durch eine artgerechte Haltung dazu bei, daß das so bleibt und das Tier sich bei Ihnen wohlfühlt.

Bitte beachten Sie die »Wichtigen Hinweise« auf Seite 63.

3

Vor dem Kauf zu bedenken

Kanarienvögel sind gesellige Tiere, die gerne Umgang mit Artgenossen haben. Wer wenig Zeit hat und dem Vogel kein Ersatzpartner sein kann, sollte besser zwei Kanarienvögel halten.

Das Wesen des Kanarienvogels

Sie sind temperamentvoll, aufmerksam und immer in Bewegung: »Vogeliger geht's nicht mehr«, sagte neulich eine Bekannte über dieses beliebte Heimtier. Für mich strahlen Karnarienvögel eine ungeheure Lebenskraft aus. Wilhelm Busch hat das in seinem »Tobias Knopp, Abenteuer eines Junggesellen« so ausgedrückt: »Seine zwei Kanarienvögel, die sind immer froh und kregel.« Damit das so bleibt, sollten Sie sich vor der Anschaffung überlegen, ob Sie den Ansprüchen dieses Vogels gerecht werden können. Durchdenken Sie in Ruhe die folgenden Fragen und berufen Sie eventuell einen Familienrat ein.

Zehn Entscheidungshilfen

1. Ein Kanarienvogel kann bei artgerechter Haltung 10 bis 14 Jahre alt werden. Sind Sie bereit, so lange für ihn verantwortlich zu sein?
2. Können Sie Ihrem Vogel einen festen Platz in Ihrer Wohnung bieten? Wird er nämlich ständig umplaziert, fühlt er sich nicht sicher.
3. Haben Sie genügend Zeit für Ihren Vogel? Er muß regelmäßig gefüttert und versorgt werden.
4. Leben noch andere Heimtiere bei Ihnen, die dem Vogel gefährlich werden könnten? Ein Hund läßt sich dazu erziehen, den Vogel in Ruhe zu lassen, eine Katze dagegen meist nicht.
5. Ein Kanarienvogel singt nicht das ganze Jahr über mit gleicher Intensität. Zur Mauserzeit zum Beispiel braucht er seine ganze Kraft für die Erneuerung seines Gefieders. Manche Vögel verstummen auch ohne ersichtlichen Grund. Werden Sie Ihren Vogel genauso mögen, wenn er nicht mehr singt?
6. Bei entsprechender Futterversorgung kann ein Kanarienvogel maximal 2 Tage allein bleiben. Was geschieht aber mit ihm, wenn Sie länger in Urlaub fahren oder ins Krankenhaus müssen?
7. Wollen Sie den Vogel Ihrem Kind schenken? Dann sollten Sie ihm die artgerechte Pflege des Tiers erklären und ein Auge darauf haben.
8. Die tägliche Versorgung des Vogels ist nicht teuer. Denken Sie aber auch daran, daß ein Kanarienvogel Geld kostet, wenn er einmal ärztliche Hilfe brauchen sollte?
9. Ein Kanarienvogel sollte einmal am Tag frei im Zimmer fliegen dürfen. Haben Sie Verständnis, wenn er dabei ein wenig Dreck macht?
10. Wichtig: Sind Sie sicher, daß niemand in der Familie an einer Federbeziehungsweise Federstauballergie leidet? In diesem Fall sollten Sie keinen Vogel halten. Fragen Sie im Zweifelsfall vor der Anschaffung den Arzt.

Welche Rasse?

Das Angebot an verschiedenen Kanarienvögeln ist groß. In den vielen Jahren, die Kanarienvögel schon in menschlicher Obhut leben, waren die Züchter sehr fleißig. Für den Anfänger wird die Frage der Rasse keine große

Jederzeit zur Flucht bereit. Aufmerksam lauschen die drei Kanarien auf verdächtige Geräusche.

Rolle spielen. Singen können alle, es gibt lediglich Unterschiede in der Gesangsstruktur. Rassekanarien werden in drei Gruppen unterteilt:

• Gesangskanarien, bei deren Zucht besonders auf einen schönen Gesang Wert gelegt wurde.

Vom geöffneten Käfigtürchen aus betrachtet der Kanarienvogel aufmerksam seine Umgebung.

• Farbenkanarien in verschiedensten Gefiederfarben.
• Gestalt- oder Positurkanarien, deren Äußeres von der ursprünglichen Form abweicht.

Mein Tip: Im Grunde ist es gleich, ob Ihr Kanari gelb, gelockt oder besonders singfreudig ist. Kaufen Sie den Vogel, der Ihnen am besten gefällt. Weiteres zum Thema Kanarienrassen finden Sie auf Seite 42.

Männchen oder Weibchen?

Von Charakter und Temperament her habe ich zwischen »Hähnen« und »Hennen«, wie die Vögel in der Fachsprache heißen, noch keine Unterschiede feststellen können. Für mich sind alle gleich liebenswert. Beim Singen sind Weibchen allerdings zurückhaltender. Wenn Sie großen Wert darauf legen, daß Ihr Vogel viel und abwechslungsreich singt, müssen Sie ein Männchen wählen. Nur die Hähne singen richtige Lieder mit Strophen und verschiedenen Elementen.

Die Geschlechtsbestimmung ist nicht einfach, da sich Männchen und Weibchen äußerlich kaum unterscheiden. Lediglich der Gesang läßt eine genaue Bestimmung zu. Männchen singen länger und haben ein größeres Repertoire als Weibchen, die nur hin und wieder Melodien nachahmen. Meistens werden die Vögel in der Zoofachhandlung oder beim Züchter schon nach Geschlechtern getrennt gehalten. Ist das nicht der Fall, sollten Sie beim Kauf den Züchter oder Zoofachhändler danach fragen. Da diese ihre Vögel schon länger beobachten konnten, werden sie Ihnen Auskunft geben können.

Einzelvogel, Pärchen oder mehrere Vögel?

Einen Kanari einzeln zu halten, würde ich Ihnen nur raten, wenn Sie genügend Zeit haben. Ein Vogel, der den ganzen Tag allein ist, langweilt sich und fühlt sich einsam. Wenn Sie sich jedoch oft mit ihm beschäftigen, wird er Sie als Ersatzpartner akzeptieren. Kanarienvögel werden zwar in der Regel nicht so zutraulich wie zum Beispiel Wellensittiche, aber vielleicht haben Sie ja ein besonderes Geschick, Ihren Vogel mit sich vertraut zu machen.

Die paarweise Haltung empfiehlt sich unbedingt, wenn Sie berufstätig oder viel außer Haus sind. Die Vögel fühlen sich in Gesellschaft von Artgenossen einfach wohler. Das Pärchen darf ruhig aus zwei Weibchen bestehen. Besonders reizvoll ist auch, ein echtes Pärchen zu halten. Wenn Sie Vogelnachwuchs möchten, klappt das in den meisten Fällen. Wer keinen Nachwuchs möchte, kann ihn leicht verhindern (→ Seite 53).

In der Regel verläuft das Zusammenleben der Vögel sehr harmonisch, auch wenn es hin und wieder kleinere, harmlose Schnabelgefechte oder Streit ums Futter gibt.

Mehrere Kanarienvögel können Sie natürlich auch halten, wenn Sie Platz für eine großräumige Voliere haben.

Mit anderen Vögeln läßt sich der friedfertige Kanarienvogel meist problemlos zusammengewöhnen. Vielleicht wollen Sie ja zu einer bereits vorhandenen Vogelgesellschaft noch einen Kanari hinzukaufen. Folgende Vogelarten sind für die Vergesellschaftung mit Kanarienvögeln besonders geeignet: Diamanttäubchen, Dreifarbenglanzstar, alle Finkenarten, Nymphensittich, alle Prachtfinkenarten, Rosenköpfchen, Roter Kardinal, Senegaltäubchen, Sonnenvogel, alle Sperlingsarten, Wellensittich, Zwergwachtel.

Nicht geeignet sind größere Vögel wie Papageien. Sie können den Kanarienvogel beißen.

Über den Kanariengesang

Wie kaum eine andere Vogelart ist der Kanarienvogel beliebt wegen seines schönen Gesangs. Ein aus voller Kehle singender Vogel ist für viele der Inbegriff von Lebensfreude. Natürlich kann man den Gesang eines Vogels nicht mit unserem Pfeifen aus guter Laune vergleichen. Er dient einem Vogelmännchen in freier Natur dazu, sein Revier zu markieren und um ein Weibchen zu werben.

Erwartungen überprüfen: Die meisten Vogelliebhaber, die sich zu einem Kanarienvogel entschließen, möchten, daß er ihnen künftig möglichst oft und ausdauernd sein Lied vorträgt. Ich halte diesen Wunsch für durchaus legitim, möchte aber um Verständnis werben für all die Vögel, die – aus welchen Gründen auch immer – wenig oder plötzlich nicht mehr singen (→ Wenn der Kanari verstummt, Seite 28). Das kommt immer wieder mal vor. Je größer die Erwartungshaltung war, desto größer ist dann die Enttäuschung. Wenn mich solche Klagen erreichen, versuche ich die Besitzer mit dem Gedanken zu trösten, daß jedes Tier eine Persönlichkeit ist und sich trotz sorgfältigster Züchtung nicht programmieren läßt. Die Natur schlägt ehrgeizigen menschlichen Plänen auf diese Weise immer wieder ein Schnippchen.

Wenn ein Kanarienmännchen um ein Weibchen wirbt, gehört das Füttern dazu.

Zur Einzelhaltung: Mir tun die Kanarienhähne leid, die in viel zu kleinen Käfigen gehalten werden, damit sie durch nichts von ihrem Gesang abgelenkt werden. Entgegen einer weitverbreiteten Meinung singen Kanarienmännchen auch in

Kanarienvogel beim Baden. Zuerst wird das Köpfchen eingetaucht,...

großen Käfigen und in Gesellschaft anderer Vögel. Sie singen sogar dann, wenn sie mit einem Weibchen zusammen gehalten werden – nur nicht so häufig, weil sie das Werben um den Partner ja nicht mehr nötig haben. Dafür begleiten sie aber ihr Weibchen während des gesamten Brutablaufs mit einem besonders abwechslungsreichen Gesang.

Wenn es ein Sänger sein soll:

• Nehmen Sie sich viel Zeit für den Vogelkauf und hören Sie sich die unterschiedlichen Gesänge der Vögel an. Vor allem Farbenkanarien singen manchmal sehr laut und schrill. Wägen Sie ab, ob Sie das auf Dauer nicht stören könnte.

• Wenn Sie Wert auf einen besonders ausgereiften Gesang legen, lassen Sie sich von einem auf Gesangskanarien spezialisierten Fachmann beraten.

• Kaufen Sie im November oder Dezember ein Junghähnchen aus der Jahreszucht, das bereits singen gelernt hat. Zwar können Kanarienvögel von Natur aus singen, doch geben manche Züchter ihren Jungvögeln einen besonders talentierten Vorsänger, von dessen Lied die Neulinge lernen.

Wohin mit dem Vogel bei Urlaub oder Krankheit?

Was aus Ihrem Kanarienvogel wird, wenn Sie verreisen oder einmal ins Krankenhaus müssen, sollten Sie schon vor dem Kauf überlegen. Zu Hause lassen ist die Lösung, die Ihr Kanari in jedem Fall bevorzugt. In einer vertrauten Umgebung fühlt er sich am wohlsten. Das bedeutet, daß Sie rechtzeitig nach einem vertrauenswürdigen Pfleger Ausschau halten. Maximal 2 Tage können Sie Ihren

mit kräftigem Flügelschlag der Rücken versorgt.

Abschließendes Aufplustern.

Vogel auch ganz allein lassen. Bitte aber ausreichend mit Futter und Wasser versorgen. Dazu keine kleinen Futterspender verwenden. Sie verstopfen manchmal, so daß der Vogel davor verhungern könnte.

Ausquartieren zu Freunden oder Verwandten ist eine andere Möglichkeit, vorausgesetzt, der Vogel erhält dort die gleiche liebevolle Zuwendung wie bei Ihnen und darf genauso oft frei fliegen. Falls Sie niemand kennen, der dafür in Frage kommt, wenden Sie sich an ein Tierheim. Manche Tierheime vermitteln Adressen von Tierfreunden, die gern Vögel aufnehmen. Zoofachhandlungen kommen als Pflegeplatz ebenfalls in Frage. Gegen ein geringes Entgelt werden auch kurzfristig Logiergäste aufgenommen. Allerdings darf Ihr Kanari dort nicht frei fliegen.

In den Urlaub mitnehmen können Sie den Vogel, wenn Ihr Ferienort sich dafür eignet. Auf der Fahrt sollten Sie ihn in einem Käfig transportieren. Diesen mit einem leichten Tuch ganz zudecken, damit der Vogel keine Zugluft abbekommt und vor der »vorbeiflitzenden« Landschaft nicht erschrickt. Bei Autoreisen alle 2 Stunden eine Pause einlegen, die Decke abnehmen und den Vogel in Ruhe fressen und trinken lassen. Vor Reisen ins Ausland erkundigen Sie sich bitte beim zuständigen Konsulat, ob Sie Ihren Kanarienvogel einführen dürfen, und ob Sie ein Gesundheitszeugnis für ihn brauchen.

Nicht mitnehmen sollten Sie Vögel, die an eine Voliere gewöhnt sind. Das plötzliche Umsetzen flugraumgewöhnter Vögel in einen kleinen Käfig bedeutet in jeder Hinsicht Streß.

Zu den Bildern:
Den Ablauf eines Vogelbads bestimmen angeborene Regeln, die jeder Vogel im Laufe der Jahre perfektioniert. Das Aufplustern am Ende eines Putzvorgangs hat den Zweck, daß alle Federn wieder in die richtige Lage kommen.

9

Ratschläge zum Kauf

Wann geht's zum Vogelkauf?
Wenn Sie einen möglichst jungen Vogel erstehen wollen, ist der Herbst (ab September) die beste Zeit für den Kauf. Die Auswahl an Vögeln ist dann sowohl im Zoofachhandel als auch bei den Züchtern am größten. Züchter geben in dieser Jahreszeit nämlich ihre Jungvögel ab und behalten den Winter über nur die Zuchtvögel für das nächste Frühjahr. Die Jungvögel der Jahreszucht sind schon etwa 4 bis 5 Monate alt und haben die sogenannte Jugendmauser (→ Seite 51) hinter sich. Wenn Sie Interesse an einem ausgebildeten Sänger haben, verschiebt sich der Zeitpunkt, wie schon gesagt, auf November. Erst dann hat sich der Gesang des Hähnchens gefestigt.

Mein Tip: Kaufen Sie den Vogel morgens, dann hat er ausreichend Möglichkeit, sich in seiner neuen Umgebung umzusehen, bevor es dunkel wird.

Wo man Kanarienvögel bekommt
Im Zoofachhandel sind Kanarienvögel in vielen Varianten erhältlich. Außerdem bekommen Sie dort auch alles nötige Zubehör.
Auch private Züchter geben Kanarienvögel ab. Adressen erfahren Sie über den Deutschen Kanarienzüchter-Bund (→ Adressen, Seite 63).
Abraten möchte ich Ihnen vom Versandhandel. Ich halte es für Tierquälerei, sich den Vogel in einer kleinen Schachtel schicken zu lassen, wo er sich zu Tode ängstigt.

Das Badehäuschen ist unbedingtes Muß für die Kanarien-Ausstattung. Die meisten Vögel lieben es, darin zu plantschen.

Gesundheitskontrolle

	Gesunder Vogel	Kranker Vogel
Gefieder	glatt, sauber, keine Kahlstellen	struppig, verschmutzt, Kahlstellen
Beine	sauber, Hornschuppen liegen glatt an, drei Zehen eines Fußes zeigen nach vorne, eine nach hinten	schrundig, Schuppen stehen ab, Zehen nicht vollständig
Verhalten	munter, aufmerksam, fleißiges Putzen	apathisch, Vogel sitzt aufgeplustert auf Stange oder Boden und hält die Augen geschlossen
Kot	wird regelmäßig abgesetzt, weichbreiig	dünnflüssig

Der richtige Kanarienkäfig

Größe: Idealmaße – 100 cm lang,
50 cm breit, 80 cm hoch.
Mindestmaße – 50 cm lang, 30
cm breit und 40 cm hoch.
Gitterstäbe: an mindestens 2 Sei-
ten senkrecht; dunkel und matt.
Abstände der Gitterstäbe: 10 bis
12,5 mm.
Bodenschale: aus Kunststoff.
Sandschuber: zum Herausziehen
und Hineinschieben.
Sitzstangen: aus Holz, unterschiedlich dick (12 und 16 mm);
der Vogel darf sie mit den Zehen
nicht ganz umgreifen
(→ Zeichnung, Seite 26).
Futternäpfchen: 3 Stück, eins für
Körner, eins für Wasser (stattdes-
sen auch Trinkwasserspender
möglich), eins für Obst.

Tips für den Vogelkauf

• Falls Sie sehr unerfahren in der
Haltung von Vögeln sind, jemand
mitnehmen, der schon ein wenig
Bescheid weiß.
• Sich genügend Zeit nehmen und die
Vögel in Ruhe beobachten.
• Auf eventuelle Krankheitszeichen
achten (→ Seite 10). Wenn Ihnen ein
Vogel, der den Kopf ins Rückengefie-
der gesteckt hat, krank erscheint, nach
einer Weile noch einmal hinschauen.
Vielleicht hat er nur geschlafen.
• Käfig und Zubehör schon früher als
den Kanarienvogel kaufen, damit Sie
ihm sein neues Heim bezugsfertig
präsentieren können.
• Etwas vom gewohnten Futter mitnehmen, dann fällt Ihrem neuen
Hausgenossen die Umstellung nicht so
schwer.

• Den Verkäufer fragen, ob der Vogel
bereits an Menschen gewöhnt ist.
Kommt er aus einer großen Flugvoliere
und hatte kaum Kontakt mit seinem
Pfleger, muß in der ersten Zeit besonders behutsam mit ihm umgegangen
werden.

Ein Käfig zum Wohlfühlen

Auch wenn Kanarienvögel ein Leben
in freier Natur nicht kennen, weil sie
seit vielen Jahren in Menschenobhut
gezüchtet werden, haben sie – wie
jeder Vogel – das Bedürfnis nach viel
Bewegung. Das bedeutet: Der Käfig
kann gar nicht groß genug sein.
Richtiges Fliegen ist zwar nur während
des Freiflugs im Zimmer oder in einer
großräumigen Voliere (→ Seite 13)
möglich, aber der Vogel sollte wenigstens von Stange zu Stange hüpfen
können. Wählen Sie also einen
genügend großen, rechteckigen Käfig.

*Nach dem Schlafen oder längerem
ruhigen Sitzen strecken Kanarienvögel
Flügel und Bein.*

Neben den üblichen Metallkäfigen mit
Kunststoff-Bodenschale gibt es noch
Kistenkäfige aus Holz, die nur auf
einer Seite vergittert sind. Sie eignen
sich besonders für noch scheue oder
kranke Vögel. Dort haben die Tiere
genügend Sichtschutz und Ruhe.
Ständer für den Käfig werden in
unterschiedlichen Ausführungen im

Der Käfig für
Ihren
Kanarienvogel
kann gar nicht
groß genug sein.
Wie alle Vögel
bewegt er sich
gerne und sollte
wenigstens die
Möglichkeit
haben, von Stange
zu Stange zu
hüpfen.

In diesem geräumigen Käfig (Modell Wagner & Keller) finden auch zwei Kanarienvögel Platz.

Zoofachhandel angeboten. Sie können ganz praktisch sein, wenn es darum geht, den Vogel kurzfristig an einen anderen Platz zu stellen (zum Beispiel beim Großputz oder beim Lüften). Da sich der schraubbare Standfuß lockern und die Standfestigkeit gefährden kann, diese immer wieder mal nachprüfen. Ebenso kann die Bodenschale sich plötzlich vom hängenden Käfig lösen, wenn die Klammern, mit denen sie am Gitteroberteil eingehängt ist, nicht greifen. Zur Sicherheit am besten eine zusätzliche Klammer anbringen. Ungeeignet sind Käfige mit unnötigen Verschnörkelungen (umständlich zu säubern) und runde Käfige. Sie werden von Vogelfachleuten seit Jahren abgelehnt. Sogenannte »Singbauer«, in denen Kanarienhähne zur besseren Ausbildung ihres Gesangs zeitweise gehalten werden, sind zu klein (etwa 28 x 28 x 18 cm). Ein artgemäßes Leben ist auf diesem begrenzten Raum nicht möglich.

Was der Vogel sonst noch braucht

• Körnermischung; möglichst die, an die der Vogel bereits gewöhnt ist. Dann gibt's keine Verdauungsprobleme durch Futterumstellung.

• Hirsekolben. Er bereichert das Vogelmenü.

• Kalkstein oder Sepiaschale zum Schnabelwetzen.

• Badehäuschen zum Einhängen in die offene Käfigtür. Der Boden des Häuschens sollte rauh sein, damit die Vogelfüßchen Halt finden.

• Trinkwasserspender nach Belieben. In ihm verschmutzt das Wasser weniger leicht als im Näpfchen.

• Feinkörniger Vogelsand. Er wird auf den Käfigboden gestreut und saugt die Flüssiganteile des Vogelkots auf.

• Ein helles, dünnes Tuch zum Abdecken des Käfigs.

• Zusatzbeleuchtung, falls Ihre Wohnung sehr dunkel ist (im Zoo- oder Elektrofachhandel beraten lassen). Kanarienvögel mögen es hell; zuwenig Licht wirkt sich nachteilig aus auf Lebhaftigkeit, Appetit und Singfreude. Nicht kaufen sollten Sie Spiegel, Schaukelstangen oder Plastikkanarienvögel als vermeintliche Gesellschaft. Das stört den Vogel mehr, als daß er Freude daran hätte.

Die Außenfütterung – eine saubere Lösung.

Luxus-Vogelheime: Volieren

Besonders große Käfige, in denen Vögel auch fliegen können, nennt man Volieren (vom französischen *voler* = fliegen). Je nach Größe können Sie mehrere Kanarienvögel darin halten oder diese mit anderen Körnerfressern vergesellschaften (→ Seite 18). Volieren gibt es im Zoofachhandel zu kaufen. Die Auswahl ist recht groß. Lassen Sie sich vom Zoofachhändler die Kataloge der verschiedenen Hersteller von Zimmer- und Freivolieren zeigen. Zum Bau von Freivolieren gibt es praktische Fertigteile, mit denen auch handwerklich Ungeübte zurecht kommen. Wer Volieren im Garten aufstellen will, sollte sich vorher in der Fachliteratur informieren (→ Seite 63). Die Ausstattung entspricht im wesentlichen der eines Käfigs, nur können Sie in der Anordnung der Sitzgelegenheiten großzügiger verfahren. Um Futterneid zu vermeiden, sollten immer mehrere Futterschälchen vorhanden sein.

Mit Kanarienvögeln leben

Der richtige Platz für Ihren Kanari
Mit der Wahl des geeigneten Standorts für den Vogel legen Sie einen wichtigen Grundstein für sein Wohlbefinden. Nicht jeder beliebige Ort in Ihrer Wohnung ist nämlich geeignet. Der Käfigplatz sollte von Anfang an so gewählt werden, daß man ihn nicht mehr ändern muß, denn der Vogel macht sich von dort mit seiner Umwelt vertraut. Wie alle Vögel ist der Kanari ein Gewohnheitstier, das Veränderungen als bedrohlich empfindet.

Das Schnabelwetzen dient der Säuberung des Schnabelhorns. Es ist wichtig, daß dem Vogel dafür Naturäste zur Verfügung stehen.

So sieht der beste Platz aus:
• Er sollte möglichst ruhig sein.
• Der Vogel sollte eine gute Übersicht über das Zimmer haben, damit er alle Vorgänge mitverfolgen kann. Der Käfig steht am besten in Augenhöhe (Wandbrett, Regal, Ständer).
• Er muß absolut zugfrei sein. Zugluft macht Kanarienvögel krank. Mit einer Kerzenflamme überprüfen, ob es zieht. Die flackert schon bei Luftbewegungen, die wir noch nicht spüren.

• Er muß hell sein (in Fensternähe), längere direkte Sonneneinstrahlung sollte aber ausgeschlossen sein.
• Es dürfen tagsüber keine Temperaturschwankungen entstehen. Die Wärmereserven eines Kanarienvogels sind schnell verbraucht.
• Der Raum über dem Käfig sollte frei bleiben. Kanarienvögel fürchten sich, wenn über ihren Köpfchen hantiert wird.
• Eine relative Luftfeuchtigkeit zwischen 50 und 70 % ist ideal. Zu hohe Feuchte kann, verbunden mit Wärme, zu einem Hitzestau führen. Feuchte Kälte erhöht die Anfälligkeit der Tiere ebenfalls erheblich.
Ungeeignete Standorte:
• Die Küche. Durch das häufige Lüften schwanken dort die Temperaturen zu sehr, und die Luftfeuchtigkeit wechselt häufig. Das kann zu Erkältungen, Lungenentzündung, Heiserkeit und totalem Stimmverlust führen.
• Zu nah am Fernsehgerät. Es sendet für Vögel hörbare Töne im Ultraschallbereich aus, die diese als sehr schrill empfinden. Der Abstand zum Fernseher sollte wenigstens 3 m betragen.
• Räume, in denen oft geraucht wird.
• Standorte, die nicht erschütterungsfrei sind. Vögel reagieren empfindlich auf Schwingungen. Die Vibrationen eines Kühlschranks zum Beispiel können dem Kanari einen großen Schreck einjagen. Nie auch nur für kurze Zeit dort abstellen.

Heimtransport

Haben Sie sich für einen Vogel entschieden, wird man ihn Ihnen in einem kleinen Karton mit Luftlöchern mitgeben. Bringen Sie ihn nun möglichst schnell nach Hause, geschützt vor großer Hitze, Feuchtigkeit, Luftzug oder Kälte. Damit Ihr Vogel sich nicht an allzuviel Neues gewöhnen muß, sollte der Käfig schon fertig eingerichtet, mit Futter und Wasser versehen sein und am richtigen Platz stehen. Wenn Sie im Käfig hantieren, während Ihr Vogel schon da ist, können Sie beziehungsweise Ihre Hände sonst für ihn zum Inbegriff des Entsetzens werden.

Sitzstangen auswechseln

Normalerweise sind Kanarienkäfige mit etwa 12 mm starken Sitzstangen aus Hartholz oder Plastik ausgestattet, die dem Vogel nur immer denselben Zehengriff erlauben. Das kann über kurz oder lang zu Fußkrankheiten führen. Naturzweige verschiedener Stärke geben dem Vogel viel mehr Gelegenheit, seine Füße und Zehen zu gebrauchen. Durch die rauhe Oberfläche der Zweige nutzen sich seine

Wenn der Kanarienvogel erschrickt, macht er sich ganz schlank. Die Federn liegen eng am Körper an.

Den Käfig sinnvoll einrichten

1. Etwa 1 cm hoch Vogelsand in den Sandschuber streuen.
2. In ein Näpfchen Körnermischung füllen, in ein anderes Wasser; geschältes Apfelstückchen zwischen das Gitter klemmen.
3. Einen Hirsekolben in Sitznähe aufhängen.
4. Sepiaschale oder Kalkstein zwischen das Gitter klemmen.
5. Sitzstangen gegen Naturäste austauschen.

Krallen in ausreichendem Maß ab. Tauschen Sie die Sitzstangen deshalb gegen Naturäste aus. Dabei aber nicht mehr Äste anbringen, als zuvor Sitzstangen im Käfig waren. Variieren Sie die Stellung der Äste: Ein paar können waagerecht, ein paar schräg verlaufen. Auf schwankenden Bäumen in der freien Natur finden Vögel auch nicht nur waagerechte Sitzgelegenheiten. Wichtig ist nur, daß die Stangen nicht zu nah am schmalseitigen Käfiggitter angebracht werden, weil die Vögel sonst mit den Schwanzfedern daran stoßen. Sie sollten auch nicht übereinanderliegen oder direkt über den Futterschälchen.
<u>Geeignet sind:</u> Zweige von ungespritzten Obstbäumen und anderen Laubgehölzen wie Birke, Weide, Holunder. Sie sollten so dick sein, daß der Vogel sie nicht ganz mit den Zehen umgreifen kann (→ Zeichnung, Seite 26). Nehmen Sie aber niemals Zweige, die nah am Straßenrand wuchsen (Autoabgase!).
<u>Die Befestigung:</u> Im Zoofachhandel gibt es spezielle Halterungen für die Sitzzweige. Sie können die Äste aber

Vögel sind Augentiere. Sie registrieren alles Neue in ihrer Umgebung. Für die Zeit der Eingewöhnung ist daher wichtig, daß Sie nichts am und im Käfig verändern. So helfen Sie Ihrem Kanarienvogel am meisten, vertraut zu werden.

15

auch mit Draht an Gitterstäben oder Maschendraht befestigen. Achten Sie darauf, daß die Drahtenden nicht frei in den Käfig ragen. Belassen Sie die Enden so lang, daß man sie nach außen ziehen und außerhalb des Käfigs abkneifen kann.

Die ersten, aufregenden Stunden

Zu Hause angekommen, halten Sie den Karton vor das geöffnete Käfigtürchen und machen den Deckel auf. Zwischen Transportbehälter und Käfig darf aber kein Spalt entstehen, durch den der Vogel entweichen könnte. Der Kleine wird, froh, sein dunkles Gefängnis verlassen zu dürfen, dem Licht entgegenhüpfen. Schließen Sie nun langsam die Käfigtür und ziehen Sie sich zurück. Ihre Neugierde ist zwar begreiflich, aber lassen Sie dem Vogel Zeit, seine neue Umgebung kennenzulernen. Vögel sind Augentiere. Sie registrieren sofort alles Neue in ihrer Umgebung: den Käfig, die Tapete, Möbel. Von Charakter und Temperament ist es abhängig, wie sehr sie dadurch verunsichert werden.
Wichtig: Den Vogel nicht mit der Hand aus dem Transportbehälter greifen. Selbst handzahme Kanaris lassen sich nur ungern mit der Hand umfassen(→ Seite 60).

Eingewöhnung je nach Typ

Es gibt Kanarienvögel, die einen neuen Käfig ganz selbstverständlich in Besitz nehmen, andere gebärden sich ängstlicher. Manche beginnen schon bald zu singen, manche geben in der ersten Zeit lediglich ein schüchternes »Piep« von sich. Zu welchem Typ Ihr Kanari gehört, können Sie an seinem Verhalten sehen: Plustert er sich bald schon auf, putzt sein Gefieder und frißt und trinkt, gehört er zu der kecken Sorte. Ist er dagegen nervös, flattert herum und macht sich ganz schlank (typische Angsthaltung!), dann fürchtet er sich noch. In diesem Fall sollten Sie Abstand vom Käfig halten. Sie können aber im Zimmer bleiben und beruhigend auf den Vogel einreden. Nennen Sie dabei mit gleichmäßig sanfter Stimme den Namen, den Sie sich für ihn überlegt haben.
Was dem Vogel Angst machen kann:
• Wenn Sie plötzlich Ihr Äußeres verändern und Hüte, Lockenwickler, eine Brille oder auffällige Kleidungsstücke tragen.
• Hastige Bewegungen.
• Gegriffen zu werden.
• Abrupte Veränderungen in der nächsten Umgebung. Also auch die Futternäpfchen nicht umplazieren.
• Laute, hektische Stimmen.
• Unbekannte Menschen.

Nachtruhe ist wichtig

Wie alle Vögel schätzen Kanarienvögel eine möglichst ungestörte Nachtruhe. Ich schlage vor, den Vogelkäfig abends gegen 8 Uhr mit einem dünnen Tuch zuzuhängen. Radio oder Fernseher dürfen danach noch eingeschaltet bleiben, wenn es bei Zimmerlautstärke bleibt. In der Wildnis sind Vögel auch an nächtliche Geräusche gewöhnt. Wichtiger ist, daß der Vogel nachts nicht erschreckt wird, zum Beispiel, wenn plötzlich Licht gemacht wird. Das Tuch sollte den Käfig verdunkeln, den Luftwechsel jedoch nicht beeinträchtigen.

Kinder sollten behutsam an den Kanarienvogel und seine Pflege herangeführt werden. Man muß ihnen verständlich machen, daß der Vogel einen ruhigen Umgang schätzt und nicht gerne angefaßt wird.

◁ *Ein Flugkünstler in Aktion. Kanarienvögel haben gedrungene, abgerundete Flügel mit breiten Schwungfedern. Diese ermöglichen ihnen schnelle Schwenke.*

Mein Tip: Lassen Sie in den ersten Nächten eine schwache Lampe im Vogelzimmer brennen. Es kann sein, daß der Vogel durch ungewohnte Geräusche erschrickt. Sieht er dann seine Umgebung, wird er sich am ehesten beruhigen.

Vergesellschaftung mit anderen Vögeln

Vielleicht soll Ihr neuerstandener Kanarienvogel in eine Zimmer- oder Freivoliere, in der schon andere Vögel leben. In diesem Fall dürfen Sie ihn nicht ohne weiteres in die alteingesessene Vogelgemeinschaft hineinsetzen. Die Sippschaft, die schon einige Zeit in Ihrer Voliere lebt, kann es einem Neuling ganz schön schwermachen. Die Vögel wissen, wo sie Futter und Wasser finden, sie beanspruchen bestimmte Sitz-, Ruhe- und Schlafplätze, und sie haben – vor allem, wenn es sich um Paare handelt – ihr angestammtes Revier.

Ein Vogel, der neu hinzukommt, hat von all dem keine Ahnung. Die ganze Umgebung samt den Mitbewohnern ist ihm fremd. Er ist ängstlich und scheu, muß erst mit den Futterstellen und Tränken vertraut werden und sich seinen Platz suchen. Dazu hat er aber in den meisten Fällen keine Gelegenheit, weil die anderen ihn immer wieder aufjagen und herumscheuchen, sobald er in ihr Revier kommt oder sich auf einem Platz niederlassen möchte, der einem anderen gehört. In freier Natur wäre das kein Problem, da der Vogel weit genug fliehen könnte. In einer begrenzten Voliere dagegen kann das tragisch enden. Manchmal wird ein Neuling von den anderen Vögeln so lange angegriffen, bis er sich nicht mehr an den Futternapf traut und nach ein paar Tagen vor Hunger und Erschöpfung eingeht.

Man sollte keinem anderen Haustier trauen, wenn ein Kanarienvogel als neuer Hausgenosse in die Familie kommt. Langsames Aneinander-Gewöhnen und ein genaues Beobachten der Tiere sind wichtige Voraussetzungen, um den Hausfrieden sicherzustellen.

Vorsichtsmaßnahmen:
• Nie zur Paarungszeit einen neuen Kanarienvogel in die Gemeinschaftsvoliere setzen. Das Revierverhalten der Vögel ist dann besonders ausgeprägt.
• Den Neuen zunächst in einen kleinen Käfig setzen und diesen einige Tage in die Voliere stellen. Von diesem sicheren Plätzchen aus kann der Vogel allmählich die fremde Umgebung kennenlernen.
• Eine umständlichere Möglichkeit ist, die alteingesessenen Vögel herauszufangen und für einige Tage anderswo unterzubringen. So kann sich der Neue in aller Ruhe in der Voliere einleben. Wenn Sie die Vogelgesellschaft dann wieder zusammenbringen, die ersten Tage gut aufpassen, um bei einer Rauferei gleich eingreifen zu können.

Wenn der Kanarienvogel seine Bauchfedern putzt, läßt er sie einzeln durch den Schnabel gleiten, um sie zu fetten und zu glätten.

Handzahm machen

Kanarienvögel haben von ihrer Lebensweise her kein so großes Bedürfnis, sich einem Menschen anzuschließen wie zum Beispiel Papageien und Sittiche. Diese leben in großen Schwärmen und haben einen festen Partner. Kanarienvögel dagegen suchen sich nur für die Zeit der Brut einen Partner, sie fliegen ansonsten mehr oder weniger ihrer Wege. Trotzdem ist es möglich, den kleinen Einzelgänger so an sich zu gewöhnen, daß er die natürliche Scheu vor der Menschenhand verliert, also handzahm wird. Viel Geduld und Ruhe sind dabei unerläßlich.

Der erste Schritt: Nähern Sie sich Ihrem Vogel erst, wenn er sich bei Ihnen eingewöhnt hat. Er muß ruhig bleiben, wenn Sie am Käfig hantieren und sollte nicht mehr nervös flattern oder ängstlich sein. Ist das soweit, können Sie einmal Ihre Hand langsam durch die geöffnete Käfigtür ins Innere strecken und ein Stück Obst oder ein Salatblatt hineinhalten. Nimmt der Vogel diese Handlung zwar in respektvollem Abstand, aber ruhig zur Kenntnis, ist schon viel erreicht. Wird er nervös, ziehen Sie langsam die Hand wieder zurück und probieren es am nächsten Tag zur gleichen Zeit wieder.

Der zweite Schritt: Irgendwann wird Ihr Kanarienvogel den Mut aufbringen, mit langem Hals an dem angebotenen Leckerbissen zu knabbern. Vielleicht tut er das schon am zweiten Tag, vielleicht aber auch erst nach einer Woche. Haben Sie Geduld und wiederholen Sie unverändert Ihr Angebot. Reden Sie dabei immer mit dem Vogel, damit er sich an den Tonfall Ihrer Stimme gewöhnt.

Der dritte Schritt: Hat der Kanari Ihre Hand als Spenderin von Leckerbissen akzeptiert, wird er schon einmal auf den Handrücken oder einen ausgestreckten Finger hüpfen. Wenn Sie Glück haben, läßt er sich auch auf Ihrer Hand tragen, um aus dem Käfig zu dürfen oder in ihn zurückgebracht zu werden. Seien Sie nicht enttäuscht, wenn Ihr Kanari sich nicht stundenlang auf Ihrer Hand aufhält oder gar herumtragen läßt. Dazu sind diese kleinen Vögel viel zu unruhig und quirlig. Ein freilebender Kanariengirlitz bleibt auch nicht lange am selben Platz.

Beim Trinken schöpfen Kanarienvögel mit dem Schnabel Wasser, heben das Köpfchen und lassen das kühle Naß die Kehle hinunterlaufen.

Mein Tip: Bieten Sie immer den Handrücken als Sitzplatz an. Vor der Handfläche haben manche Vögel Angst. Ganz wichtig: Den Vogel nie greifen. Das könnte das bereits erworbene Vertrauen in Ihre Hand erschüttern.

Der Ersatzpartner Mensch

Kanarienvögel, die sehr jung in menschliche Pflege kommen oder gar von Hand aufgezogen wurden, übertragen ihre Verhaltensweisen, die sonst für den Artgenossen gedacht sind, nicht selten auf den Menschen. Der Mensch wird ihr Vogelkumpan. Das kann so weit gehen, daß ein Kanarienmännchen den Menschen anbalzt und ansingt, engen Kontakt mit ihm sucht und schließlich versucht, sich mit ihm zu verpaaren. Dabei dient

Tägliche Gefiederpflege.

Ein Sekret aus der Bürzeldrüse…

…hält die Federn geschmeidig und wasserabstoßend.

als Weibchenersatz fast immer die Hand des Pflegers. Der Mensch als Ganzes ist für den kleinen Vogel nicht überschaubar. Außerdem kommt der Kanarienvogel mit der Hand am ehesten in engen Kontakt.

Freiflug – Der Himmel auf Erden
Jeder Vogel sollte die Möglichkeit erhalten, ausgiebig seine Flügel zu benutzen. Und zwar so oft und so lange wie möglich. Das stärkt den Kreislauf und sorgt für Muskeln. Warten Sie aber mit dem ersten Freiflug, bis der Vogel mit seinem Käfig vertraut ist und ihn als Schlaf- und Eßplatz, als Ort der Sicherheit, anerkannt hat. Wenn Sie ihn zu früh fliegen lassen, möchte er sonst vielleicht gar nicht mehr in den Käfig zurückkehren.

<u>Das erste Mal:</u> Wahrscheinlich werden Sie sich wundern, wenn Ihr Kanari das Angebot des offenen Käfigtürchens zunächst einmal gar nicht annimmt. Das ist nicht erstaunlich, wenn man bedenkt, daß der Vogel vielleicht noch nie in seinem Leben geflogen ist. Er konnte wahrscheinlich bisher seine Flügel nur flatternd benutzen. Haben Sie Geduld, irgendwann wird der Drang zum Fliegen seine Angst besiegen. Auf keinen Fall dürfen Sie den Vogel aus seinem Käfig heraus-jagen. Damit würde er alles Vertrauen in den sicheren Zufluchtsort verlieren.

<u>Start- und Landehilfe:</u> Für einen noch ungeübten Flieger können Starten und Landen zum Problem werden. Das Kunststück, die kleine Türöffnung zu durchfliegen, schafft kaum ein Vogel. Bringen Sie deshalb eine Handbreit vor dem Käfig und in Höhe der unteren Schwelle des Türchens einen Sitzzweig an. Er kann beim An- und Abfliegen Hilfestellung leisten, aber auch als Ruheplatz dienen.

Zurück in den Käfig: Findet der Kanari nicht wieder in seinen Käfig zurück, lassen Sie ihn ruhig draußen, auch über Nacht. Hunger und Durst werden ihn dann schon zurücktreiben.

Wichtig: Den Vogel keinesfalls jagen oder womöglich mit Tüchern scheuchen. Ein vorbeugendes Mittel gegen Heimkehrschwierigkeiten ist, einen Vogel nicht außerhalb des Käfigs zu füttern.

Lieblingsplätze im Zimmer

Kanarienvögel lieben hohe Sitzwarten, denn diese bieten im Freileben Schutz vor Feinden. Wenn Sie Ihrem Vogel einen Gefallen tun wollen, bringen Sie an ein paar höhergelegenen Stellen im Zimmer sicher haltende Sitzzweige an (Halterungen gibt's im Zoofachhandel). Ein Schrank oder ein Bücherregal können so zu bevorzugten Lande- und Sitzplätzen für Ihren Vogel werden. Für Sie haben diese festen Sitzplätze den Vorteil, daß Sie Zeitungspapier darunterlegen und so die kleinen Kotbällchen des Vogels auffangen können. Zur Stubenreinheit läßt sich nämlich kein Vogel erziehen, man muß immer mit etwas Schmutz rechnen. Es kann natürlich sein, daß der Vogel die ihm von Ihnen angebotenen Plätze verschmäht und sich ganz andere sucht. So ging es einer Bekannten von mir. Sie hatte das Vogelzimmer auf die beschriebene Weise sorgfältig präpariert und mußte dann feststellen, daß ihr Kanarienvogel ausschließlich die Pflanzen auf einem hohen Fensterbord aufsuchte. Dort schien er sich pudelwohl zu fühlen.

Gefahren beim Freiflug

Daß Sie vor dem Freiflug des Vogels Türen und Fenster schließen, sollte selbstverständlich sein. Aber selbst bei geschlossenem Fenster lauern auf so einen kleinen Kerl noch einige Gefahren, deren man sich nicht so leicht bewußt wird.

Gefahrenquelle Zimmer: Sehen Sie sich den Raum, in dem Ihr Vogel fliegen darf, einmal gründlich aus dessen Perspektive an. Da gibt es vielleicht glatte Landeflächen, auf denen der Kanari ausrutschen kann (ein Tisch, der Rand der Blumenvase) und heiße oder elektrische Geräte (Herdplatten, Toaster). Die Suche nach Krümeln auf dem Sofa kann für einen

Muß sich ein Kanarienvogel am Köpfchen kratzen, führt er den Fuß unter dem Flügel hindurch nach oben.

Kanarienvogel verhängnisvoll enden, wenn man ihn dort übersieht und sich vielleicht auf ihn setzt. Leider sind solche Unfälle keine Seltenheit. Auf Seite 23 habe ich eine Übersicht zusammengestellt, die Sie auf mögliche Gefahren aufmerksam machen soll.

Gefahrenquelle Fenster: Ängstliche Vögel – und bei den ersten Freiflügen sind sie fast immer ängstlich – fliegen dorthin, wo es am hellsten ist, also zum Fenster. Helligkeit signalisiert ihnen den geeignetsten Fluchtweg. Ihr Kanarienvogel kann nicht wissen, daß

Auch wenn Kanarienvögel seit Generationen in Menschenhand gezüchtet werden, ihr Schutzinstinkt ist immer noch rege. So bevorzugen sie höherliegende Standorte, die ihnen eine gute Übersicht bieten. Erst wenn sie alle Vorgänge im Raum mitverfolgen können, fühlen sie sich sicher.

zwischen drinnen und dem hellen Licht draußen ein durchsichtiges hartes Etwas im Weg steht. Mit aller Wahrscheinlichkeit knallt er also gegen die Fensterscheibe. Deshalb Vorhänge zuziehen, das ist die praktischste Dauerlösung. Notfalls Jalousien herunterlassen oder, wenn das alles nicht vorhanden ist, Decken vors Fenster hängen. Das sollten Sie vorsichtshalber auch bei anderen Gelegenheiten tun, bei denen Ihnen ein Vogel entwischen könnte (zum Beispiel bei der Käfigreinigung).

Ein handzahmer Kanarien-vogel nimmt vertrauensvoll den ausgestreckten Finger seines Pflegers als Sitzplatz an.

Mein Tip: Ziehen Sie in der Vogelstube einen Rahmen mit Fliegengaze vor das Fenster ein. Dann können Sie lüften, auch wenn der Vogel frei fliegt.
Gefahrenquelle Pflanzen: Sie sollten dafür sorgen, daß im Vogelzimmer nur ungiftige Pflanzen stehen – für den Fall, daß Ihr Kanarienvogel daran knabbert. Eine Übersicht über giftige und schleimhautreizende Pflanzen finden Sie auf Seite 26. Fragen Sie beim Anschaffen neuer Pflanzen nach deren Verträglichkeit für den Vogel. Denn es gibt leider immer wieder neue, die noch nicht in die Übersicht aufgenommen sind.

Entflogen – Was nun?

Ein entflogener Kanarienvogel kann in Freiheit kaum überleben. Schon seine auffallende Färbung macht ihn für alle Jäger zur lockenden Beute, ob Nachbarkatze, Greifvogel oder Marder. Darüber hinaus ist der Vogel nicht daran gewöhnt, sich sein Futter eigenständig zu suchen. Im Käfig stand ihm der volle Futternapf ja direkt vor dem Schnabel. Entweicht ein Kanarienvogel, ist er erst einmal völlig verschreckt durch die fremde Umgebung. Meist fliegt er auf einen nahen Baum. Dort sollten Sie ihn beobachten. Denn solange er noch in Reichweite bleibt, besteht Hoffnung, daß er eventuell wieder zurückkommt.
Was Sie tun können:
• Käfig auf das Fensterbrett oder auf den Balkon stellen.
• Gut sichtbar Futter darum herum- und hineinstreuen.
• In manchen Fällen hilft ein Kescher, um den Kanari von einem niedrigen Ast zu bergen.
• In der Zeitung inserieren, daß der Vogel entflogen ist.
Was Sie nicht tun sollten:
• Dem Vogel aufgeregt hinterherlaufen oder gar nachklettern.
• Die Feuerwehr bemühen. Ehe sie ihre Leiter ausgefahren hat, ist der entflogene Käfigbewohner bereits auf dem nächsten Baum.

Von Hygiene und Pflege

Sauberkeit in Käfigen und Volieren ist eins der obersten Gebote bei der Vogelhaltung. Auch wenn Sie mal keine Lust haben oder wenig Zeit: Ihr Vogel hat das gleiche Recht auf einen sauberen Teller wie Sie. Machen Sie sich am besten einen Pflegeplan (→ Seite 24).

Gefahren für den Kanarienvogel

Gefahrenquelle	Vermeiden der Gefahr
Bücherregal: Vogel schlüpft oder fällt hinter die Bücher und kommt nicht mehr allein heraus.	Bücher direkt an die Wand rücken oder in Abständen zwei Bücher querlegen.
Fensterscheiben, Glaswände: Dagegenfliegen, Gehirnerschütterung oder Schädelbruch.	Vorhänge während des Freiflugs zuziehen, Jalousien herunterlassen oder Decken vor die Glasscheibe hängen.
Gefäße mit Wasser (Gläser, Krüge, Vasen, Putzeimer): Hineinrutschen, Ertrinken.	Abdecken. Blumenvasen während des Freiflugs wegstellen.
Gifte: Tödliche Vergiftungen möglich durch Alkohol, Chemikalien, Putz- und Waschmittel.	Für den Vogel unerreichbar aufbewahren. Spuren restlos entfernen.
Herdplatten, offene Töpfe: Verbrennungen beim Landen auf der heißen Herdplatte, Ertrinken.	Auf heiße Herdplatte Kessel mit kaltem Wasser stellen. Vogel nie unbeaufsichtigt in der Küche fliegen lassen.
Kerzen: Verbrennung beim Fliegen durch Flamme.	Während des Freiflugs auf Kerzenlicht verzichten.
Offene Fenster, offene Türen: Entfliegen, Einklemmen, wenn Tür geschlossen wird.	Fenster und Türen bei Freiflug geschlossen halten. Familienmitglieder über den Freiflug unterrichten.
Offene Schubladen, Schränke: Vogel wird unbemerkt eingeschlossen und erstickt oder verhungert.	Schließen vor Freiflug.
Papierkorb, Ziergefäße: Hineinrutschen, Verhungern oder Herzschlag vor Angst, da der Vogel nicht allein hinaus kann.	Korbware verwenden, glatte Innenwände mit Drahtgeflecht auskleiden. Ziergefäße mit Sand füllen.
Sonne: Hitzschlag durch Stand des Käfigs in praller Sonne.	Schattenplatz ermöglichen.
Spalten zwischen Wand und Möbelstücken: Abrutschen, Einklemmen.	Vogel bei Freiflug beaufsichtigen.

Drei Kanarienvögel beim Bad. In den Tonschälchen finden sie genügend Platz für die ausgiebige Gefiederpflege.

Die wichtigsten Pflegemaßnahmen

<u>Täglich:</u>
- Alle Näpfchen und eventuell auch den Wasserspender ausleeren, warm abwaschen, abtrocknen und neu füllen (Körnernäpfchen nur halbvoll).
- Mit einem eigens dafür reservierten Löffel den groben Schmutz (Kot, Futterreste) aus dem Sand entfernen.
- Verschmutzte Äste mit Sandpapier abreiben und feucht abwischen.
- Bad in frischem Wasser anbieten.
- Prüfen, ob Futter- oder Wasserspender in Ordnung sind und fest sitzen, ob Käfigtüren sicher schließen und ob sich nirgends schimmelnde oder faulende Futterreste in Spalten oder Ritzen festgesetzt haben.

<u>Wöchentlich:</u>
- Käfig oder Voliere samt Ausstattung säubern (warm abwaschen, danach gut trocknen).
- Sand erneuern.
- Naturboden in Volieren durchharken, Steinplatten oder ähnliches abwaschen.

<u>Monatlich:</u>
- Käfig oder Voliere samt Zubehör desinfizieren (Sagrotan).
- Naturäste austauschen.

<u>Vierteljährlich:</u>
- Naturboden in Gartenvolieren umgraben.
- Volieren auf Löcher und rostige Stellen hin kontrollieren.

<u>Wichtig:</u> Zum Saubermachen keine chemischen Spül- oder Putzmittel verwenden. Die sind für den Vogel giftig. Etwa 55 °C warmes Wasser genügt völlig.

tungsgefahr größer, weil das warme Wasser die feuchte Haut erwärmt und sie so gegen Zugluft und Kälte besonders empfindlich macht. Zu kaltes Wasser verursacht ebenfalls Erkältungen.

Die erste Scheu überwinden: Es kann sein, daß Ihr Kanarienvogel das Badehäuschen zuerst mit einiger Skepsis betrachtet. Schließlich ist dies ein neuer, unbekannter Gegenstand, an den er sich erst einmal gewöhnen muß. Hängen Sie ihm das Badehäuschen täglich an den Käfig. Sie können es auch locker mit abgebrausten, noch feuchten Blättern von Petersilie, jungem Löwenzahn, Vogelmiere oder Spinat auslegen. Manchen Vögeln genügt es, sich in dem frischen Grün zu befeuchten. Aber bitte keinen Kopfsalat dafür verwenden, da er meist gegen Schädlinge und rasches Welken gespritzt ist. Diese Mittel lösen sich im Wasser und können dem Vogel schaden.

Wenn der Vogel nicht badet: Es gibt Kanarien, die ihr Badehäuschen hartnäckig ignorieren. Sie müssen deswegen nicht wasserscheu sein. Sehr wahrscheinlich sehnen sie sich sogar nach einem Bad, bringen es aber einfach nicht übers Herz, in den für sie unheimlichen Kunststoffbehälter zu steigen. Vielleicht behagt ihnen die Farbe nicht (probieren Sie's mit einer anderen), oder sie haben Angst vor dem exponierten Standort des Häuschens. Hängt es in der Käfigöffnung, muß sich der Vogel zum Baden ja außerhalb seines sicheren Käfigs begeben. Stellen Sie in diesem Fall das Häuschen zuerst auf den Käfigboden. Hilft das alles nichts, können Sie den Vogel vorsichtig mit Wasser aus der Blumensprühflasche besprengen. Manche Kanarien drehen

Das tägliche Bad

Kanarienvögel sind regelrechte »Wasserratten«. Baden fördert ihr Wohlbefinden und es hält sie gesund. Bieten Sie dem Vogel also täglich ein frisches Bad an. Füllen Sie dazu das Badehäuschen etwa 2 cm hoch mit Wasser und hängen es in die Öffnung der Käfigtür. Am besten morgens, dann können die Federn bis zum Abend trocknen.

Das richtige Wasser: Weil der Vogel oft während des Badens trinkt, sollte das Badewasser die gleiche Qualität wie Trinkwasser haben. Abgestandenes Leitungswasser eignet sich sehr gut. Es sollte handwarm sein, denn bei zu warmem Wasser werden die fettartigen Federsubstanzen ausgewaschen, die das Vogelgefieder wasserabstoßend machen (→ Seite 58). Außerdem ist dann die Erkäl-

Für jeden Vogel ist es lebenswichtig, sein Gefieder stets sauber und geordnet zu halten. Nur so ist er voll flugfähig und kann im Freileben seinen Feinden entkommen. Da dieser Schutzinstinkt auch beim domestizierten Kanarienvogel noch rege ist, verbringt er viel Zeit mit Körperpflege.

25

und wenden sich unter dieser Dusche und genießen sie in vollen Zügen. Das Wasser sollte bei dieser Methode etwas wärmer sein (etwa 25 °C), da es beim Sprühen kühler wirkt. Wenn Ihr Kanarienvogel beim ersten Besprühen ängstlich reagiert und den Wasserstrahlen ausweicht, lassen Sie es für diesen Tag sein und probieren es am nächsten wieder.

<u>Wichtig:</u> Die Sprühflasche darf zuvor niemals mit einem Pflanzenschutzmittel im Einsatz gewesen sein.

<u>Alternativen zum Badehäuschen</u>
Sie können Ihrem Vogel während des Freiflugs auch einen großen Untersetzer für Blumentöpfe zum Baden anbieten. Dort hat er mehr Platz für seine Wasserspiele. Es macht Spaß, zu beobachten, wie der Kanari schwirrend mit den Flügeln um sich schlägt, um das Wasser über den ganzen Körper zu verteilen. Allerdings müssen Sie bei diesem Badezeremoniell mit mehr Wasserspritzern rechnen als beim Badehäuschen, wo die Plexiglaskuppel das meiste abfängt (Handtuch darunterlegen).

<u>Wichtig:</u> Bitte achten Sie darauf, daß die Vogelbadewanne einen rauhen Boden hat, damit Ihr Kanari nicht ausrutscht. Glatte Böden werden mit einem Stück Schaumstoff »vogelsicher«.

Frische Luft ist wichtig

Gehört Ihr Vogel nicht zu den Freivolierenbewohnern, sollten Sie für genügend frische Luft sorgen. Das und ein wenig Sonne sind für Kanarienvögel genauso wichtig wie der tägliche Freiflug.

<u>Im Frühjahr und Sommer:</u> Wenn Sie die Möglichkeit haben, stellen Sie den Vogel – natürlich in seinem sicher verschlossenen Käfig – zeitweise auf

richtig

falsch

Die Sitzstangen in Käfig und Voliere müssen so dick sein, daß der Kanarienvogel sie mit seinen Zehen nicht umgreifen kann.

Gefährliche Zimmerpflanzen

Diese Liste erhebt keinen Anspruch auf Vollständigkeit. Genannt sind hier nur einige der bekanntesten Pflanzen. Genauere Auskunft kann nur der Blumenhändler oder die Fachliteratur geben (→ Seite 63).

<u>Giftige Zimmerpflanzen:</u> Becherprimel, Brechnußbaum, Catharanthus, Christusdorn, Dieffenbachie (alle Arten), Eibe, Hyazinthe, Immergrün, alle Nachtschattengewächse, Narzissen, Oleander, Beeren der Spitzblume, Weihnachtsstern, Wunderstrauch, Wüstenrose, Beeren des Zierspargels.

<u>Pflanzen mit schleimhautreizenden Substanzen:</u> Efeu, Fensterblatt, Flamingoblume, Goldtrompete, Kolbenfaden, Philodendron, Schefflera.

<u>Sonstige:</u> Kakteen und andere Pflanzen mit stachligen Teilen (Augenverletzungen möglich).

den Balkon oder in den Garten. Am besten, Sie suchen für ihn eine zugfreie Stelle im Halbschatten, unter einem Baum zum Beispiel. Vorsicht aber vor Katzen! Bleiben Sie immer in der Nähe und behalten Sie den Käfig im Auge. Wenn Sie Glück haben, können Sie dann beobachten, wie Ihr Kanari Kontakt zu anderen Vögeln aufnimmt. Neulich hörte ich von einer Kanarienvogelbesitzerin, daß ihr Weibchen, das im Frühjahr auf dem Balkon stand, ein paar Tage lang Besuch von jungen Grünfinken bekam. Zu fünft saßen sie auf dem Käfigdach, flatterten mit den Flügeln und bettelten um Futter. Und in der Tat:

Das Weibchen fütterte sie. Von morgens bis abends reichte es den Jungvögeln Körner und ging völlig in seinen unerwarteten Mutterpflichten auf. Das war eine schöne Abwechslung im Leben eines einzeln gehaltenen Kanarienvogels.

Im Winter: Leider ist folgendes Bild oft Realität: Ein Kanarienvogel, der in einer völlig überheizten Wohnung um Luft ringen muß. Zu geringe Luftfeuchte trocknet die Schleimhäute aus und führt zu erhöhter Empfindlichkeit für Schnupfen und weitere Krankheiten. Für eine hohe Luftfeuchte sorgen reichlich Pflanzen, vor allem fleischige Arten mit hohem Wasserverbrauch (zum Beispiel Begonien). Verdunstungsgefäße aus unglasiertem Ton an den Heizkörpern schaffen ebenfalls Abhilfe. Wenn Sie zusätzlich in Maßen heizen (Raumtemperatur etwa 18 bis 20°C) und viel frische Luft in die Wohnung lassen (dabei aber Zugluft vermeiden), tun Sie für sich und den Vogel das beste.

Kanarienvögel und andere Heimtiere

Vögel, besonders kleine, haben nicht nur eine angeborene Angst vor größeren Vögeln, sondern vor fast allem, was ein Fell trägt. Mit Recht, denn Fellträger wie Katzen, Füchse, Marder, Wiesel und viele andere sind ihre natürlichen Feinde. Wenn Sie bereits einen Hund besitzen, muß Sie das nicht von einem Kanarienvogel abhalten. Mit etwas Geschick werden Sie ihm schon begreiflich machen, daß der Vogelkäfig für ihn tabu ist. Sie dürfen die Tiere aber nie unbeaufsichtigt zusammen lassen, selbst wenn der Hund in Ihrem Beisein den nötigen Abstand zum Vogelkäfig wahrt. Das Zusammenleben mit »jagdfreudigen« Katzen ist allerdings problematischer. Für die Katze bedeutet es Streß,

ständig mit einer Beute zu leben, die sie nicht fangen darf, und der Vogel steht Todesängste aus, wenn die Katze einmal durchs Käfiggitter nach ihm »tatzeln« sollte.

Kanarienvögel sind außerordentlich stimmbegabt. Ihr Gesang gehört zum Schönsten, was die Vogelwelt zu bieten hat.

So lernen Kanarienvögel singen

Vielen Vögeln sind die arteigenen Rufe und Gesänge angeboren. Andere bringen ein bestimmtes Repertoire mit auf die Welt, lernen aber vor allem in der Nestlingszeit und kurz danach noch einiges hinzu, normalerweise den Gesang des Vaters, der sich in der Nähe aufhält. Hierzu gehören die Kanarienvögel. Ein Kanarienmännchen kann also durchaus singen – auch wenn es allein gehalten wird –, weil es während der Aufzuchtperiode schon den Gesang seines Vaters zu hören bekam. Aber auch, wenn das nicht der Fall war, wird es den typischen Kanariengesang beherrschen, nur vielleicht weniger abwechslungsreich.

Das Training: Wenn die jungen Männchen selbständig geworden sind und in größeren Käfigen oder Volieren

Kanarienvögel sind geschickte...

...und wendige Flieger.

Vorsänger zu, von dessen Lied die Neulinge lernen. Unbedingt nötig ist das aber nicht. Der schöne Gesang reift auch ohne menschliche Hilfe zu voller Reinheit heran.

Wenn der Kanari verstummt

Es darf Sie nicht wundern, wenn Ihr Vogel in der Zeit der Mauser (→ Seite 39) plötzlich nicht mehr singt. Er braucht für den Gefiederwechsel so viel Energie, daß er zum Singen keine Kraft mehr hat. Hin und wieder kommt es vor, daß die Gesangspause auch nach der Mauser noch anhält. Und manchmal singt ein Vogel sogar nie mehr. Eine mir bekannte Familie hat sich einen Kanarienhahn gekauft, der ein Jahr lang, mit kurzen Unterbrechungen während der Mauser, wunderschön sang. Doch von einem Tag auf den anderen war es damit vorbei. Er piepte nur noch vor sich hin. Einen Grund für dieses Verhalten gab es nicht. Der Vogel war rundum gesund und munter, nur hatte er das Singen aufgegeben. Das kommt hin und wieder vor. Manche Vögel nehmen nach einer Weile ihre Gesänge wieder auf, manche verstummen für immer. Seien Sie nicht traurig, falls Ihr Kanari diese Eigenart zeigt. Wildvögel im Freien singen schließlich auch nicht ununterbrochen, sondern nur in der Fortpflanzungsperiode. Und da singen einige oft, lang und laut, andere wiederum selten, kurz und leise oder überhaupt nicht. Für mich sind Vögel Persönlichkeiten und keine Gesangsmaschinen. Was Sie tun können: Folgende Tricks bringen Ihren Schützling vielleicht wieder in Singlaune:

gehalten werden, beginnen sie schon bald mit Gesangsübungen, wobei sie eifrig miteinander wetteifern. Nach der Jugendmauser werden die jungen Hähne dann einzeln in Singbauer gesetzt, in denen jeder für sich »studieren« und seinen Gesang verbessern kann. Während dieser zwei Monate dauernden Perfektionsphase können die Sänger sich gegenseitig zwar nicht sehen, wohl aber hören, was den Gesangseifer anspornt. Oft teilen die Züchter den Jungvögeln einen guten

Der tägliche Freiflug stärkt den Kreislauf des Vogels und kräftigt die Muskeln.

● Es gibt Cassetten oder Schallplatten mit Kanariengesängen, die Sie dem Vogel vorspielen können.

● Musik laufen lassen. Viele Kanarienvögel wollen diese übertönen und singen dann besonders laut. Staubsaugergeräusche wirken ebenfalls animierend, wie ich immer wieder höre.

● Wenn Sie mehrere Männchen haben: In verschiedenen Käfigen ohne Blickkontakt halten.

Mit dem Kanari umziehen

Ein Umzug macht dem Kanarienvogel kaum Probleme. Er bleibt ja in seinem vertrauten Käfig und bei Ihnen. Neu ist lediglich die Umgebung. Wenn Sie in der alten Wohnung Sitzstangen im Zimmer angebracht hatten, bieten Sie ihm diese an einem ähnlichen Platz wie vorher wieder an. Kaum ein Stubenvogel ist an krasse Veränderungen seiner Umgebung gewöhnt. Er sollte als erster aus dem Zimmer und als letzter an den neuen Platz kommen.

29

Die richtige Ernährung

Abwechslungsreiche Ernährung hält den Kanarienvogel gesund. Neben Körnerfutter als Grundnahrung braucht er ausreichend Obst, Gemüse und frisches Grün.

Körner als Grundnahrung

Eine ausgewogene Mischung aus kleinen Sämereien stellt die Grundnahrung für Kanarienvögel dar. Empfehlenswert ist eine Zusammensetzung aus 40 % Negersaat, 25 % Glanz, 10 % Sommerrübsen, 10 % geschältem Hanf, 5 % Hanf, 2 % Mohn, 2 % Weizen, 2 % Salatsamen, 2 % Senegalhirse, 2 % Leinsamen. Der Zoofachhandel bietet diese oder ähnliche Mischungen meist schon fertig an.

Wichtig: Die Körner sollten so frisch wie möglich sein. Kaufen Sie deshalb nicht zuviel Futter auf einmal und achten Sie unbedingt auf das auf den Packungen angegebene Abpackdatum. Es darf nicht länger als 3 Monate zurückliegen, da selbst bei sachgemäßer Lagerung die Nährwerte allmählich abgebaut werden. Um sicherzugehen, daß es sich auch wirklich um frisches Futter handelt, können Sie den Keimtest machen (→ Seite 34), denn nur keimende Körner sind reich an Inhaltsstoffen. Keimt jedoch nur ein geringer Teil, ist

der Großteil der Mischung wertlos und sollte nicht mehr verwendet werden.

Anzeichen des Verderbs
- Fäulnis: Faule Körner riechen penetrant, während gesunde geruchlos sind.
- Schimmel: Läßt sich am weißlichgrauen Belag erkennen, allerdings muß man dafür die Körner genau prüfen.
- Ungeziefer: Macht sich durch zusammengeklumpte Körner und spinnwebfeine Fäden bemerkbar.

Richtig aufbewahren: Körnerfutter sollte immer trocken, dunkel und kühl gelagert werden. Am besten hängt man es in einem Säckchen aus Naturfasern an einem entsprechenden Ort auf. Die Körner keinesfalls im Plastikbeutel, in einer geschlossenen Blechdose oder im Schraubglas aufbewahren.

Keimfutter

Hätten Kanarienvögel die Wahl, sie würden Körner wahrscheinlich ausschließlich in angekeimtem Zustand verschlingen – so genüßlich muß diese Variante für den Gaumen des Vogels sein. Vor allem bei der Zucht ist diese Beikost unentbehrlich, denn der Prozeß des Keimens macht Körner vitaminreicher. Wenn Sie Ihren Kanari mit Keimfutter verwöhnen wollen, müssen Sie allerdings ein paar Vorarbeiten in Kauf nehmen, deren Ausführung Sorgfalt und Zuverlässigkeit verlangt, da sonst das Futter schnell sauer wird.

Körner vom Boden aufzupicken ist für den Kanarienvogel ein besonderer Genuß.

Zum Keimen eignen sich die Körner-mischung der Grundnahrung aus dem Zoofachhandel sowie Sprießkornhafer und Sprießkornweizen aus dem Reformhaus. Sobald keimfähige Körner Wasser aufnehmen, beginnen in ihnen chemische Reaktionen, die das Keimen veranlassen. Dabei werden vorhandene Vitamine, Mineralstoffe und Spurenelemente aufgeschlossen, wodurch bereits gequollene, mehr noch aber gekeimte Körner an Wert gewinnen.

Obst, Gemüse und frisches Grün

Gesunde Frischkost darf als Beifutter für Ihren Kanarienvogel nicht fehlen. Mit Obst, Gemüse und Grünzeug sorgen Sie leicht für Abwechslung auf dem Speiseplan. Sicher wird Ihr Kanari nicht alles mögen, was Sie ihm anbieten. Geschmäcker sind auch in der Vogelwelt verschieden. Am besten, Sie probieren einfach aus, was er am liebsten hat. Sie können unter folgendem Angebot wählen.

Obst: Apfel, Banane, Beeren, Birne, Honigmelone, Kiwi, Mandarine, Süßkirsche, Wassermelone, Wein-trauben.

Gemüse: Fenchel, Gurken, Kartoffeln (gekocht), Kohlrabi, Möhren (gerieben), Rettich, Sojakeime, Zucchini.

Grünfutter: Basilikum, Endivien, Feldsalat, Gänseblümchen (ohne Stengel), Gänsedistel, Gartenkresse, Gräser (vor allem einjähriges Rispengras), Hirtentäschelkraut, Huflattich, Kerbel, Kopfsalat, Kreuzkraut, Löwenzahn, Petersilie, Sauerampfer, Spinat, Vogelknöterich, Vogelmiere, Wegerich, Zaunwicke (Blätter und Blüten).

Unbekömmlich sind: Avocado (kann nach neuesten Erkenntnissen amerikanischer Forscher für Ziervögel giftig sein), behandelte (gegen Ungeziefer gespritzte) Blattsalate, grüne Bohnen, Grapefruit, rohe und grüne Kartoffeln, alle Kohlarten, Rhabarber, Pflaumen, Zitronen.

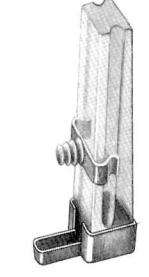

Im Wasserspender bleibt Trinkwasser sauber, weil in die schmale Trinkrille kaum Schmutz gelangen kann.

Grundspeiseplan

Wie oft	Welches Futter	Welche Menge
Täglich	Körnermischung	etwa 10–15 g
	Obst, Gemüse	1 kleines Stück
	Grünfutter	1 Büschel
	Trinkwasser	unbegrenzt
	Kolbenhirse	1 Stück im Käfig hängenlassen, bis es aufgefressen ist
	Sepiaschale, Wetzstein	kann ständig angeboten werden
Alle 2 bis 3 Tage	Keimfutter	etwa 10 g
	Weichfutter	etwa 10 g
Einmal pro Woche	Frische Zweige	nach Belieben
	Hartgekochtes Eigelb, gemischt mit Magerquark	½ Teelöffel

Die Knabberstange enthält alle Körner, die Kanarienvögel als Grundnahrung brauchen.

Wie Frisches verfüttert wird

• Obst und Gemüse je nach Konsistenz kleinschneiden und zwischen Käfiggitter klemmen oder kleinraspeln und in Schälchen reichen.

• Grünfutter als Büschel mit einer Klammer am Käfigdach befestigen.

• Obst und Grünzeug am besten morgens reichen. Die verderblichen Reste abends aus dem Käfig nehmen.

• Frischkost sollte Zimmertemperatur haben. Nichts darf aus dem Kühlschrank kommen.

• Alles vor dem Verfüttern sorgfältig warm waschen und trockenreiben. Insektizide jeglicher Art könnten Ihrem Vogel gefährlich werden. Besonders bei Salat bleiben oft Giftreste in den Blattfalten zurück.

• Je saftiger das Frischfutter, desto weniger anbieten. Der Vogel könnte sonst Durchfall bekommen.

Weich- und Aufzuchtfutter

Neben Körner- und Grünfutter nehmen Kanarienvögel sehr gern auch Weich- beziehungsweise Aufzuchtfutter an. Sie verfüttern es nicht nur an ihre Jungen, falls es zur Brut kommt, sondern fressen es das ganze Jahr über mit Vorliebe selbst. Besonders vor und während der Mauser (→ Seite 39) kann Ihr Vogel dieses eiweißreiche Aufbaufutter gut gebrauchen. Als tägliche Nahrung ist es ungeeignet, weil es zu nahrhaft ist und der Vogel nur dick davon würde. Weich- und Aufzuchtfutter gibt es im Zoofachhandel zu kaufen. Sie können das gekaufte Futter noch verbessern, wenn Sie es mit geriebenen Möhren, Möhrensaft, zerdrücktem, hartgekochtem Eigelb oder auch gekochtem Haferschleim vermengen. In einem separaten Schälchen anbieten!

Was das Vogelmenü bereichert

Vitamine: Bekommt Ihr Kanarienvogel regelmäßig Obst und Grünfutter als Beikost, ist sein Vitaminbedarf gedeckt. Trotzdem empfiehlt sich ein Zusatz von Vitaminpräparaten aus dem Zoofachhandel. Schaden kann das nicht, denn überschüssige Vitamine werden vom Körper ausgeschieden. Sie können die Vitamintropfen über die Körner träufeln oder dem Trinkwasser zugeben.

Minerale und Spurenelemente: Die wesentlichsten wie Kalk oder Phosphor sind im Schnabelwetzstein oder auch im Vogelsand vorhanden. Kalk kann man außerdem auf sehr einfache Weise verabreichen: Die zerstoßene Schale eines gekochten Hühnereis fein zerdrücken und mit dem Sand auf dem Käfigboden vermischen. Um Krankheitsübertragungen von Hühnern zu vermeiden aber keine Schalen von ungekochten Eiern verwenden (oder diese kurz im Backofen bei über 100 °C erhitzen). Die Rückenschulpe des Tintenfischs (Sepiaschale) eignet sich ebenfalls als Kalklieferant.

Wichtig: Bei der Sepiaschale darauf achten, daß sie gewässert ist. Ist das auf der Verpackung nicht angegeben, 24 Stunden in Wasser legen, bevor sie in den Käfig kommt. Sonst wäre sie zu salzhaltig. Sepiaschalen keinem brutfreudigen Weibchen anbieten. Manche reagieren darauf mit Legenot.

Frische Zweige: Bringen Sie von Ihren Spaziergängen hin und wieder einen frischen Weiden-, Birken-, oder Obstbaumzweig mit nach Hause. Neben Wetzstein und Sepiaschale eignen sie sich hervorragend für die Schnabelpflege.

Kolbenhirse: Auf diesen Leckerbissen stürzen sich die meisten Kanarienvögel mit Heißhunger. Das Stück mit einer

Frisches Wasser sollte immer zur Verfügung stehen.

Klammer am Gitter befestigen oder in einen Kolbenhirsehalter stecken (im Zoofachhandel erhältlich).

Selbstgemachtes: Hartgekochtes Eigelb, gemischt mit ein wenig Magerquark, bietet wertvolles Eiweiß.

Trinkwasser

Kanarienvögel brauchen täglich frisches Trinkwasser. Am besten und gesündesten für den Vogel ist der spezielle Vogeltrank aus dem Zoofachhandel oder kohlensäurefreies Mineralwasser, das reich an verschiedenen Mineralien wie zum Beispiel Natrium, Kalium, Magnesium und Kalzium ist. Da die Mineralien im Stoffwechsel des Vogels eine wichtige Rolle spielen, ist normales Leitungswasser nicht so gut als Trinkwasser geeignet. Wenn Sie Leitungswasser nehmen, sollten Sie es nicht ab-

Die Rückenschulpe des Tintenfisches, eine Sepiaschale, deckt den Kalkbedarf des Vogels. Sie sollte allerdings keinem brutfreudigen Weibchen angeboten werden. Einige reagieren darauf mit Legenot.

kochen, dabei würden die geringen Mineralsalzspuren, die in ihm enthalten sind, zerstört. Es direkt aus der Wasserleitung zu nehmen, empfiehlt sich jedoch wegen des starken Chlorzusatzes nicht. Lassen Sie es besser 1 bis 2 Stunden abstehen, dann entweicht das Chlor.

Wichtig: Bei Wasserspendern bitte täglich das Wasser wechseln und nicht warten, bis sich Algen angesetzt haben.

Die richtige Futtermenge

Ein Patentrezept für die richtige Futtermenge gibt es leider nicht. Schließlich hängt der Energieverbrauch Ihres Kanarienvogels davon ab, wieviel er fliegen darf und ob er gerade eine anstrengende Zeit durchlebt (Mauser, Aufzucht). Sie können das nur durch Ausprobieren feststellen. Stürzt sich der Vogel morgens beispielsweise auf das frisch

---

Keimrezept

● Je ½ Teelöffel Grundnahrung, Sprießkornhafer und -weizen mit 2 cm Wasser bedecken und 24 Stunden einweichen.
● Die Körner lauwarm abbrausen, abtropfen lassen, in ein Glasschälchen füllen und locker zugedeckt 48 Stunden hell und bei Raumtemperatur stehenlassen.
● Sobald Keime sprießen, können die Körner dem Vogel angeboten werden. Vorher lauwarm abbrausen und gut abtropfen lassen. Nach weiteren 24 Stunden sind die Keime noch größer.
Wichtig: Keimlinge schimmeln schnell. Deshalb nach etwa 2 Stunden wegwerfen, was noch nicht verzehrt wurde.

---

gereichte Futter, hatte er wohl großen Hunger. Das gilt auch, wenn er die geleerten Futterbehälter ständig untersucht und ganz offensichtlich fressen möchte. Sind die Futterschalen dagegen am Abend noch halbvoll, war die Ration zu groß. Im Grundspeiseplan (→ Seite 31) sind Annäherungswerte über die richtige Futtermenge genannt.

Was dem Vogel schadet

Zahme und im Zimmer freifliegende Kanarienvögel fressen oft bei Tisch mit. In der Regel ist dagegen nichts einzuwenden. Sie sollten nur darauf achten, daß der Vogel dabei nichts für ihn Schädliches aufnimmt. Folgende Speisen sind für den Vogel tabu:
● Salziges, Gewürztes und auch pures Salz, Gewürze und Zucker.
● Schokolade und andere Süßigkeiten.
● Sahne, Butter, Käse und andere fetthaltige Speisen.
● Alkoholische Getränke und Kaffee.

Die zehn wichtigsten Fütterungstips

1. Abwechslungsreich füttern.
2. Nur frisches Futter reichen.
3. Mäßig, aber regelmäßig füttern.
4. Nur soviel Grünfutter reichen, wie innerhalb eines Tages gefressen wird.
5. Immer zur gleichen Zeit füttern.
6. Plötzliche Futterumstellungen vermeiden.
7. Nichts direkt aus dem Kühlschrank verfüttern.
8. Grünfutter nicht von Straßenrändern (Abgase!), Wiesen, die viel von Hunden aufgesucht werden (Bakterien in Hundekot oder -urin) oder den Rändern landwirtschaftlich genutzter Flächen (eventuell Pestizide) holen.
9. Täglich frisches Trinkwasser reichen, eventuell mit einem Vitaminpräparat angereichert.
10. Stets einen Wetzstein anbieten.

Was tun, wenn der Vogel krank wird

Vorbeugen ist besser als heilen

Das gilt ganz besonders für Kanarienvögel. Denn leider können so kleinen Vögeln selbst die scheinbar harmlosesten Krankheiten gefährlich werden. Je kleiner nämlich der Organismus, desto schneller sind Energiereserven verbraucht. Wenn ein Kanarienvogel erst einmal durch Krankheit geschwächt ist, kann sich sein Allgemeinzustand rapide verschlechtern.

Was alles krank machen kann:
- Zugluft.
- Direkte Sonnenbestrahlung.
- Häufiger Raumwechsel.
- Viel Lärm und Unruhe.
- Zu niedrige oder zu hohe Luftfeuchtigkeit.
- Schlechte, verrauchte Luft.
- Starke, plötzliche Temperaturveränderungen.
- Falsche Ernährung, verdorbenes Futter, zuwenig Vitamine und Spurenelemente.
- Schlechtes Trink- und Badewasser.
- Bewegungsmangel.
- Unsaubere Haltung.
- Infektionen.
- Unfälle.

Krankheiten erkennen

Wenn Sie sich täglich mit Ihrem Vogel beschäftigen, kann Ihnen eigentlich gar nicht entgehen, wenn er sich plötzlich anders verhält. Ein Kanari, der krank ist oder sich auch nur unwohl fühlt, sitzt aufgeplustert da, hält die Augen auch tagsüber oft geschlossen, steckt den Kopf ins Rückengefieder und frißt schlecht. Das sind die ersten Anzeichen. Dünnflüssiger Kot, Nasenausfluß oder schweres Atmen lassen bereits auf eine Erkrankung der Atem- oder Verdauungswege schließen.

Erste Hilfe: Beim Auftreten erster Krankheitszeichen sollten Sie den Vogel so schnell wie möglich zum Tierarzt bringen. Geht das nicht gleich, setzen Sie ihn absolut zugfrei, dunkeln den Käfig mit einem leichten Tuch ab und führen eine Infrarotbestrahlung durch (→ Seite 36). Gönnen Sie dem kleinen Patienten Ruhe. Übertriebenes »Umsorgen« würde ihn nur unnötig aufregen.

Teilnahmslos sitzt ein kranker Kanarienvogel mit halbgeschlossenen Augen, aufgeplusterten Federn und hängenden Flügeln am Boden. Er muß sofort zum Tierarzt.

Bei Volierenhaltung wichtig

Volierenbewohner sollten Sie noch genauer beobachten als einen einzeln gehaltenen Vogel. Zu leicht kann es passieren, daß ein Tier erkrankt und alle anderen ansteckt. Fällt Ihnen ein Vogel auf, der krank wirkt, sollten Sie ihn auf jeden Fall herausfangen und

35

eine Weile einzeln setzen, zum Beispiel in einen Quarantänekäfig (→ unten). Vielleicht war es ja dann nur eine kleine Unpäßlichkeit – aber sicher ist sicher. Oft kann man schwer unterscheiden, ob ein Vogel nur ein Nickerchen hält oder sich unwohl fühlt. Ich spreche diese Kandidaten mit einem »Na, was ist denn mit dir los?« an, worauf sie meistens sofort aufwachen und weiterfliegen.

Der Quarantänekäfig

Wenn Sie mehrere Vögel zusammen halten, ist Ihr Patient während seiner Krankheit am besten in einem Quarantänekäfig untergebracht. Als solcher eignet sich ein auf der Vorderseite vergitterter Kistenkäfig, in dem der Vogel genügend Ruhe und Sichtschutz hat. Er sollte mit herausziehbaren Schubladen versehen sein, denn wenn Sie diese mit weißem Küchenpapier auslegen, können Sie die Verdauung Ihres Kanaris täglich kontrollieren. Statten Sie den Käfig mit mehreren Sitzstangen aus. So hat der Vogel bei Infrarotbestrahlung die Möglichkeit, entweder ganz nah an die Wärmequelle heranzugehen oder auf andere Stangen auszuweichen. Den Käfig aber getrennt von den anderen Vögeln aufstellen, sonst regt sich der Patient zu sehr auf. Lassen Sie Ihren Pflegling, auch wenn er wieder gesund ist, noch einige Tage zur Kontrolle in dem Käfig.

Der Gang zum Tierarzt

Ändert sich das Verhalten Ihres Kanarienvogels nicht in wenigen Stunden, sollten Sie den Tierarzt aufsuchen. Lebt der Vogel allein in einem transportierfähigen Käfig, lassen Sie ihn in dieser gewohnten Umgebung. Tauschen Sie den Sand jedoch gegen weißes Küchenpapier aus, dann kann der Arzt die Beschaffenheit des Kots besser kontrollieren. Einen Volierenbewohner bringen Sie für den Transport am besten in einer kleinen Schachtel unter, die mit Luftlöchern versehen ist. Den Vogel beim Transport vor Kälte, Feuchtigkeit oder großer Hitze schützen.

Fragen, die der Arzt stellen wird
- Wie alt ist der Kanarienvogel?
- Wann machte er zum erstenmal einen kranken Eindruck?
- Was fiel Ihnen besonders auf?
- War der Vogel schon einmal krank?
- Wer hat ihn mit welchen Maßnahmen/Medikamenten behandelt?
- Welche Körnermischung bekommt er (Probe mitnehmen!).
- Was bekommt er zu trinken?
- Welches Obst und Gemüse hat er zu sich genommen?
- Könnte er an giftigen Stoffen geknabbert haben?
- Welche Tiere leben noch mit ihm?

Infrarotbestrahlung

Diese Wärmebehandlung führt bei vielen Krankheiten zum Erfolg. <u>So wird bestrahlt:</u> Stellen Sie einen Infrarot-Dunkelstrahler von 150 bis 240 Watt etwa 40 cm vom Käfig entfernt auf, so daß nur eine Käfighälfte bestrahlt wird. So kann der Vogel der Wärmequelle ausweichen, wenn er möchte. Die Temperatur im Käfig sollte etwa 35 bis 40°C betragen. In die Nähe des Käfigs eine

Löwenzahn ist eine beliebte, vitaminreiche Futterpflanze. Sie können Ihrem Kanarienvogel von Spaziergängen ein Sträußchen mitbringen.

Mit weit gespreizten Flügeln droht ein ▷ *Kanarienvogel seinem nahenden Futterkonkurrenten. Der dritte Vogel überläßt ihnen das Feld.*

Gesundheitsstörungen auf einen Blick

Das fällt auf	Mögliche Ursachen	Mögliche Diagnose, Behandlung durch Tierarzt
Verklebte Augen, wäßriger oder eitriger Ausfluß	Zugluft, verrauchtes Zimmer, Infektion	Augenerkrankung
Hängender Flügel, Flugunfähigkeit, Schonen eines Beins	An- oder Aufprall, Sturz	Prellung oder Knochenbruch
Dünnflüssiger Kot über 1 bis 2 Stunden	Zu kalte Nahrung, zu kaltes Badewasser, Aufregung durch Umgebungswechsel	Durchfall oder Darmentzündung
Verkrustungen an Beinen und Zehen, abstehende rauhe Hornschuppen	Unsaubere Haltung, verschmutzte Käfigböden und Sitzstangen, Milben	Fußkrankheit oder Kalkbeine (tritt bei Kanarienvögeln häufig auf)
Freßunlust, Durchfall	Infektion	Vieles möglich. Unbedingt mit Kotprobe zum Tierarzt
Unruhiger Schlaf, ständiges Putzen und Suchen im Gefieder, Niesen	Befall von Roter Vogelmilbe, Luftsackmilbe oder Federlingen	Milben, Infektion
Vogel mausert länger als 4 bis 8 Wochen, Federn brüchig und glanzlos	Falsche oder einseitige Ernährung	Stockmauser, Mauserschwierigkeiten
Teilnahmslosigkeit, Vogel sitzt aufgeplustert herum, versucht Kot abzusetzen	Zu altes Futter, Aufnahme von Fremdkörpern; legereifes Ei kann nicht ausgepreßt werden	Verstopfung oder Legenot (kann auch bei allein lebenden Weibchen vorkommen)
Zu lange Krallen, Vogel kann nicht mehr richtig sitzen und bleibt leicht hängen	Zu glatte und dünne Sitzstangen	Krallen von Tierarzt oder Zoofachhändler kürzen lassen

Schüssel mit dampfendem Wasser stellen, damit genügend Luftfeuchtigkeit entsteht. Futter und Trinkwasser am besten im kühleren Teil des Käfigs unterbringen. Es wird sonst warm und damit ungenießbar. Anfangs wird der Vogel stets mit aufgeplustertem Gefieder vor der Lampe sitzen, um sich aufzuwärmen. Mit fortschreitender Besserung rückt er dann weiter von der Wärmequelle ab. Dann können Sie den Abstand des Strahlers zum Käfig allmählich vergrößern, damit die Temperatur nur langsam absinkt. Auch danach aber für gleichmäßige Wärme sorgen und jede Zugluft vermeiden!

Wie man Medikamente verabreicht

Bitte halten Sie sich bei der Behandlung mit Medikamenten exakt an die Anweisungen Ihres Tierarztes. Er allein muß entscheiden, welches Medikament wie oft verabreicht werden soll. Flüssige und pulverisierte Mittel streuen oder tropfen Sie auf die Körner oder geben sie ins Trinkwasser (Tabletten zerdrücken). Im letzteren Fall aber kein Obst oder Gemüse reichen, da der Vogel sonst dort seinen Durst stillt und das Wasser nicht anrührt.

Hochnehmen: Müssen Sie dem Vogel das Mittel eingeben, umschließen Sie ihn sanft mit einer Hand (→ Zeichnung, rechts), biegen sein Köpfchen leicht nach hinten und träufeln mit einer Pipette die vorgeschriebene Menge neben die Zunge. Beim Hochnehmen nie zu fest zugreifen, sonst behindern Sie seine Atmung.

Impfschutz für Volierenbewohner

Es gibt zwei gefährliche Infektionskrankheiten, gegen die in Freivolieren lebende Kanarienvögel geimpft werden sollten.

Kanarienpocken: Sie werden von Vogel zu Vogel, aber auch durch blutsaugende Insekten übertragen. Die Pocken sind leider weit verbreitet und befallen Kanarien sowie die mit ihnen verwandten Sperlings- und Finkenvögel. Ab dem 3. Lebensmonat können Sie Ihren Kanari gegen das Virus impfen lassen, vorausgesetzt, er ist gesund und nicht gerade in der Mauser. Nach der Impfung 3 Wochen keine Badegelegenheit bieten.

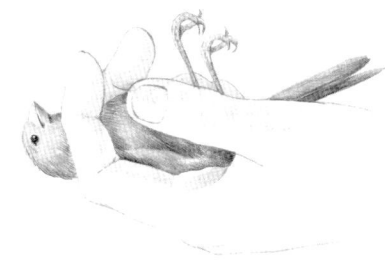

So halten Sie den Kanarienvogel richtig, wenn Sie ihm einmal Medikamente verabreichen müssen: Der Kopf liegt zwischen Zeige- und Mittelfinger, die Flügel zwischen Daumen und kleinem Finger.

Geflügelpest: Wird auch »Newcastle disease« genannt. Die Viren werden entweder durch rohe Hühnereierschalen eingeschleppt oder durch Wildvögel übertragen. Für die Impfung vom Tierarzt beraten lassen.

Mauser: Der anstrengende Kleiderwechsel

Vogelfedern sind sehr empfindlich und nutzen sich schnell ab. Sind sie ein Jahr lang »in Betrieb«, kann man ihnen schon deutliche Gebrauchsspuren ansehen. Da ein intaktes Gefieder für einen Vogel naturgemäß eine Überlebensfrage ist, wechseln alle Vögel in bestimmten Zeitabständen ihr

Auch wenn Ihr Vogel noch nicht krank ist, sollten Sie sich zum Beispiel in der Zoofachhandlung oder bei anderen Vogelhaltern vorsorglich nach einem Tierarzt erkundigen, der spezielle Erfahrungen in der Behandlung von Heimvögeln hat.

Am Köpfchen kratzen.   *Ausgiebiges Schnabel wetzen.*

Gefieder. Diesen Vorgang nennt man Mauser (vom lateinischen *mutari* = sich wandeln).

Die Mauser ist zwar keine Krankheit, sie findet aber doch in diesem Kapitel ihren Platz, weil Ihr Kanarienvogel während des Gefiederwechsels besonders anfällig und gesundheitlich labil ist. Wundern Sie sich nicht, wenn Ihr Kanarienvogel in der Zeit der Mauser nicht mehr singt. Das ist nur natürlich, denn die Erneuerung des Gefieders ist eine anstrengende Sache.

<u>Wann der Vogel mausert:</u> Wegen der großen körperlichen Belastung ist die Mauser sorgfältig mit den übrigen Anforderungen abgestimmt, denen der Vogelorganismus im Jahresverlauf ausgesetzt ist. Wie jeder freilebende Vogel mausert Ihr Kanari zum Beispiel nicht während der Brutzeit, sondern in den Monaten August und September.

(Seltener kommt eine Winter- oder Frühjahrsmauser vor, bei der nur das Kleingefieder gewechselt wird.) Innerhalb von 6 bis 8 Wochen ist das Federkleid neu.

<u>Die Stockmauser:</u> Mangelerscheinungen und Hormonstörungen können die Ursache sein, wenn ein Kanari während der Mauser zwar Federn verliert, aber keine neuen nachwachsen, oder wenn er ungewöhnlich lange für die Erneuerung seines Gefieders braucht (Stockmauser).

<u>Wie Sie dem Vogel helfen:</u>
• Behutsam mit ihm umgehen. Vögel sind in der Mauserzeit oft nervöser als sonst.
• Besonders vollwertig und reichhaltig ernähren (Vitaminpräparate geben).
• Gurkenschale oder kleinzerschnittene Gurkenstückchen reichen. Gurke wirkt günstig auf die Federbildung.

40

Ein wenig dösen und dann zum Schlafen den Schnabel ins Rückengefieder stecken.

• Täglich Bademöglichkeit bieten oder den Vogel mit Wasser besprühen.
• Tägliche Infrarotbestrahlung durchführen (→ Seite 36).

Wenn der Fußring stört

Stammt Ihr Kanarienvogel aus einer anerkannten Zucht, trägt er – quasi als Personalausweis – einen kleinen Ring aus Aluminium am Bein, in den eine Nummer eingestanzt ist. Wenn er richtig angebracht wurde, stört der Ring den Vogel nicht. Es kann jedoch sein, daß die Größe nicht ganz stimmt. Ist der Ring zu groß, besteht die Gefahr, daß der Vogel sich eine Zehe einklemmt, ein zu enger Ring verursacht Durchblutungsstörungen. Sollten Sie dies feststellen: Bitte den Ring nur vom Tierarzt entfernen lassen, keinesfalls selbst daran hantieren. Die Gefahr, den Vogelfuß zu verletzen, ist zu groß.

Die Ornithose

Diese Krankheit ist schwierig zu diagnostizieren, weil sie sich nicht in eindeutigen Symptomen äußert. Zeigen sich bei Ihrem Kanarienvogel über einen längeren Zeitraum hinweg Beschwerden wie Atemnot, Durchfall, Schnupfen oder schleimige Absonderungen an den Augen, sollten Sie den Tierarzt aufsuchen. Die Ornithose (auch Psittakose oder Papageienkrankheit) ist für Menschen ansteckend. Inzwischen gibt es wirksame Medikamente, so daß Menschen und Vögel bei rechtzeitiger Behandlung geheilt werden können. Die Erkrankung an Ornithose ist meldepflichtig. Der Tierarzt wird Ihnen gegebenenfalls sagen, was zu tun ist.
Beachten Sie dazu bitte unbedingt die »Wichtigen Hinweise« auf Seite 63!

Kanarienrassen und Farbschläge

Wie der Kanarienvogel zu uns kam

Als die Spanier Ende des 15. Jahrhunderts die Kanarischen Inseln eroberten, brachten sie die ersten wilden Kanarienvögel nach Spanien. Geschäftstüchtige Mönche begannen mit der Kanarienzucht. Sie führten einen schwungvollen Handel mit den kleinen gelbgrünen Sängern, verkauften aber nur die Hähne, also die Männchen, ins Ausland, so daß man immer auf Nachschub aus Spanien angewiesen war. Im 17. Jahrhundert jedoch gelang Italienern eine Nachzucht mit geschmuggelten Weibchen. Von dort aus kamen die Vögel nach Tirol und somit in den deutschsprachigen Raum. Neben den Mischlingen, Kreuzungsformen mit Wildvögeln, gibt es heute drei große Rassegruppen: Gesangskanarien, Farbenkanarien und Gestaltkanarien.

Ohrenschmaus: Gesangskanarien

Als der Canario Zuchtvogel wurde, entdeckten die Züchter sein Talent, Lieder anderer Vögel nachzuahmen und Teile davon in sein eigenes Repertoire aufzunehmen. Der Versuch lag nahe, den Gesang junger Kanarienvögel gezielt zu beeinflussen. Das führte so weit, daß es heute verschiedene Rassen gibt, die sich durch einen typischen Gesang voneinander unterscheiden.

Harzer Roller, Edelroller

Zweifellos ist der Harzer Roller oder Edelroller, wie er öfter genannt wird, der bekannteste Sänger unter den Kanarienvögeln. Tiroler Bergleute züchteten ursprünglich diese zierlichen Vögel und nahmen sie in den Harz mit. Von dort wurden sie in alle Welt verschickt. Der Harzer Roller gilt als der vornehmste Sänger: Er trägt sein Lied leise und moderat vor, mit einem scheinbar geschlossenen Schnabel.

Wenn ein Kanarienvogel sich so aufplustert, fühlt er sich wohl.

Seine Strophen sind frei von unreinen, kratzenden oder schrillen Tönen, wie sie andere Kanarienvögel manchmal aufweisen. Sein Lied besteht hauptsächlich aus vier Strophen (»Touren«): Hohlrolle, Knorre, Pfeife und Hohlklingel. Neben diesen vier Hauptelementen des Gesangs gibt es noch sogenannte Beitouren wie Schockel, Glucke, Wasser- und Klingeltouren.

Mein Tip: Hören Sie sich einen Gesangskanarienvogel einmal auf einer Vogelschau an, dann werden Sie ausgereifte Gesänge kennenlernen.

Vogelschauen finden meist im Herbst statt und sind in Fachzeitschriften (→ Seite 63) angekündigt.

(Belgischer) Wasserschläger

Er ist etwas größer als der Harzer Roller und wurde vor allem im flämischen Teil Belgiens herausgezüchtet. In Deutschland ist er erst seit verhältnismäßig kurzer Zeit als Zuchtvogel eingeführt. Sein Gesang ist vielseitiger als der des Harzer Rollers – sein Repertoire umfaßt 17 Strophen –, wenn auch nicht in allen Teilen so wohlklingend. Es gibt laute und harte Töne, und der Vogel singt manche Strophen mit offenem Schnabel.

American Singer

Eine ziemlich junge, in den USA gezüchtete Rasse. Bei dieser Zuchtform, deren Gesang dem des Harzer Rollers ähnlich ist, wird jedoch auch Wert auf schöne Farben und gute Körperhaltung gelegt. Ähnliche Ziele verfolgt auch die noch ziemlich neue Zuchtrichtung der Gesangs-Farbenkanarien, die neben einem schönen Gesang ein besonders schönes Gefieder aufweisen.

Kunterbunt: Farbenkanarien

Die Stammform aller Kanarienvögel, der Kanariengirlitz, zeigt die Farben Grün und Gelb mit schwarzer Strichelzeichnung und braunschwarzen Flügeln. Durch Mutationen, plötzlich auftretende Veränderungen der Erbanlagen, und züchterische Maßnahmen entstanden im Laufe der Zeit die unterschiedlichsten Farbschläge. Es gibt weiße, rote, orangerote, braune, silber-braune, orange-braune und noch viele Farbschattierungen mehr. Merkwürdigerweise ist der gelbe Kanarienvogel immer noch der bekannteste. Wahrscheinlich liegt das daran, daß die gelben die ersten Vögel waren, die aus Mutationen von Wildvögeln entstanden.

Farbfütterung: Manche Kanarienzüchter und -halter füttern ihren Farbenkanarien während der Mauserzeit synthetische Farbstoffe, um eine bestimmte Gefiederfärbung zu erreichen. Ich möchte davor warnen, denn diese können den Vogelorganismus schädigen. Wundern Sie sich also nicht, wenn Ihr neuer, kräftig rot gefärbter Kanarienvogel nach der Mauser eventuell blasser wird. Freuen Sie sich lieber, daß er die schädigenden Farbstoffe nun los ist.

Extravagant: Gestaltkanarien

Bei der Zucht sogenannter Gestalt- oder Positurkanarien wird spezieller Wert auf das Aussehen der Vögel gelegt. Der Züchter unterscheidet kleine, große, gebogene, frisierte und glatte Rassen.

Kanaris mit »Haarschopf« wie der Crested-Kanarienvogel, der Gloster Fancy Corona oder der deutsche Haubenkanarienvogel sind besonders originell und publikumswirksam. Die kleine Federperücke wirkt sehr hüpsch.

Andere Gestaltkanarien wie Bossu Belge, Scotch Fancy, Südholländer oder Mailänder Frisé als hübsch zu bezeichnen, fällt mir schwer. Diese Rassen wurden auf eine unnatürliche, steile Körperhaltung hin gezüchtet und zeigen teilweise wirbelhaft abstehende Federpartien. Von der ursprünglichen Gesalt des Vogels ist nicht mehr viel übriggeblieben. In freier Natur hätte ein Vogel mit derart krausem Gefieder kaum Überlebenschancen, er wäre ein schlechter Flieger, würde bei Regen durchnässen und bei kühler Witterung vermutlich erfrieren.

Kanarienvögel haben die Begabung, Gesangsteile anderer Vogelarten in den eigenen Gesang einzubauen. Diese Fähigkeit nennt man in der Ornithologie »spotten«. Kanarienzüchter gesellen ihren Jungvögeln häufig einen besonders schön singenden Vorsänger hinzu, damit sie von diesem lernen.

Ein kleiner Einblick in die bunte Palette der Kanarien. Die Auswahl an reinrassigen Kanarienvögeln und Mischlingen ist unerschöpflich groß. Den meisten Vogelliebhabern ist jedoch der gelbe Kanarienvogel nach wie vor am vertrautesten.

Kapuzenzeisig-Kreuzung.

Englisch-Lizard-Kanarienvogel.

Lizard-Kanarienvogel.

Roter Farbenkanarie.

44

Zwei Gloster Fancy – einmal mit, einmal ohne Haube. Diese Gestaltkanarien sind sehr beliebt.

Nordholländer Frisé.

Gestaltkanarienvogel.

Wenn Nachwuchs gewünscht wird

Ich gehe in diesem Buch davon aus, daß Sie zu den Leuten gehören, die einfach einmal Nachwuchs von ihrem Tier haben, aber keine große Zucht betreiben wollen. Vielleicht besitzen Sie schon ein Pärchen. Dann kann es automatisch zu Nachwuchs kommen. Am sichersten für den störungsfreien Ablauf einer Brut ist jedenfalls die isolierte Haltung eines Pärchens.

<u>Mein Tip:</u> Wer gezielt züchten möchte (zum Beispiel bestimmte Farben), sollte sich einem Kanarienzüchterverein anschließen. Die Mitglieder solch eines Vereins haben viel Erfahrung und können Ihnen mit Rat und Tat zum Zuchterfolg verhelfen, ohne daß Sie beziehungsweise Ihre Vögel leidvolle Erfahrungen machen müssen.

Wenn Sie noch kein Pärchen haben

Die Brutzeit der Kanarienvögel beginnt im Frühjahr. Wer noch kein Pärchen hat, sollte sich aber schon im Herbst nach einem Partner für seinen

Vogel umsehen. Wie bereits gesagt, ist der Herbst die beste Zeit für den Vogelkauf. Einerseits haben die Vögel dann durchgemaust und präsentieren sich in vollem Feder- und Farbenschmuck. Andererseits – und das ist besonders wichtig – hat das Pärchen so den Winter über genügend Zeit, sich kennenzulernen. Den neuen Vogel aber nicht gleich zu seinem Partner in den Käfig lassen! Halten Sie die beiden die erste Zeit getrennt voneinander, aber so, daß sie sich sehen und hören können. Die Einzelkäfige allmählich näher zusammenstellen oder den Käfig mit dem/der Neuen nach und nach an die Voliere heranrücken. Es ist nämlich durchaus nicht selbstverständlich, daß sich ein Paar verträgt. Auch unter Vögeln gibt es Sympathien und Antipathien. Wenn sich Männchen und Weibchen nicht mögen, merken Sie das bald. Sie jagen sich ständig, vertreiben sich gegenseitig vom Futterplatz und von den Ruheplätzen. Solche »Streithanseln« sollten Sie schnellstmöglich trennen, denn über kurz oder lang gerät der Unterlegene derart in die Defensive, daß er zu kümmern beginnt.

<u>Mein Tip:</u> Das Zuchtpaar sollte verschiedenaltrig sein, da der ältere auch der erfahrenere Partner ist.

Balz und Paarung

Im Frühjahr (etwa Ende März) wird das Kanarienweibchen unruhig und läßt sehr häufig seinen trillernden Lockruf hören. Es ist dauernd in

Nestkörbchen mit und ohne »Dach«. Die offene Form wird von Kanarienvögeln bevorzugt, die geschlossene ist allerdings sicherer. Hier können die Jungvögel kaum aus dem Nest fallen.

Was Sie zusätzlich brauchen

- Großen Käfig, Mindestgröße: 100 x 50 x 80 cm.
- Nestkörbchen.
- Nistmaterial: kurzgeschnittene Baumwollfäden, Kokosfasern, Sisalfasern, Heu, trockenes Moos, weiches, kurzes Gras.
- Kunsteier (etwa 3 Stück).
- Spezielles Aufzuchtfutter (→ Seite 32).

Bewegung und schlägt mit den Flügeln. Rastlos fliegt es von Stange zu Stange. Im fortgeschrittenen Stadium nimmt es meist noch eine Feder in den Schnabel (Nestbauzeremoniell). Das Männchen dagegen singt ausdauernd und füttert das Weibchen. Manchmal führt es auch eine Art Tanz auf. Dieses Werben um das Weibchen nennt man Balz. Auf dieses Verhalten hin folgt die eigentliche Paarung. Sie dauert nur eine bis zwei Sekunden. Das Weibchen kauert sich in etwas geduckter Haltung auf seinen Ast. Das Männchen springt auf den Rücken des Weibchens, schlägt seinen Schwanz seitlich um den des Weibchens und preßt seine Kloake auf die des Weibchens. Danach trennen sich die Vögel und putzen sich meist ausgiebig.

Was zum Nestbau gebraucht wird

<u>Nestkörbchen:</u> Sie gibt es in verschiedenen Größen von 8 bis 13 cm im Zoofachhandel zu kaufen. Empfehlenswert sind halbkugelförmige aus Peddigrohr-, Draht- oder Plastikgeflecht. Sie werden von Kanarienweibchen gern angenommen. Körbchen, die nicht geflochten sind, eignen sich weniger, weil sie das Nistmaterial nicht genügend stützen.

<u>Nistmaterial:</u> Das Vorhandensein von ausreichendem und passendem Nestbaumaterial trägt wesentlich zur späteren Brutlust des Weibchens bei. Bieten Sie dem Vogel also rechtzeitig möglichst verschiedenes Nistmaterial an. Unterschiedliches Baumaterial macht das Nest fester und dichter. Es eignen sich: kurzgeschnittene Baumwollfäden (in langen Fäden kann sich der Vogel leicht verhängen und erdrosseln), Kokosfasern, Sisalfasern, Heu,

trockenes Moos, weiches, kurzes Gras. In Freivolieren finden und nehmen die Weibchen auch Federchen, feine Halme, allerlei Pflanzenfasern und anderes.

Bei der Begattung kauert sich das Weibchen in geduckter Haltung auf den Ast. Das Männchen springt auf ihren Rücken und preßt seine Kloake auf die des Weibchens.

<u>Mein Tip:</u> Nistmaterial nicht gleich in großen Mengen reichen, da man nie weiß, wann das Weibchen mit dem Nestbau beginnt. Es würde sonst verschmutzen. Ein paar Baumwollfäden genügen für den Anfang, um zu testen, wie es mit der Brutreife steht.

Wie Sie sich am besten verhalten

Eine Vogelzucht ist eine sehr spannende Angelegenheit. Daran gibt es keinen Zweifel. Ich kann mich noch gut an meine eigene Ungeduld erinnern, als ich das erste Mal Vogelnachwuchs erwartete. Ich hatte ständig das Gefühl, irgend etwas für meine Vögel tun zu müssen und habe sie mit Sicherheit gestört. Dabei ist es wichtig, daß Vögel den gesamten Brutablauf in Ruhe durchleben. Vermeiden Sie also während der Lege- und Brutperiode jede unnötige Störung am

Der Gesang des Kanarienvogels ist so schön, daß man meinen könnte, er diene nur der Unterhaltung seiner Pfleger. Der Vogel bezweckt anderes: In freier Natur markieren Männchen mit lauter Stimme ihr Revier und locken Weibchen an.

Etwa vierzehn Tage sitzt das Kanarienweibchen auf den Eiern und brütet.

Nest. Je ungestörter und ruhiger ein Weibchen dem Brutgeschäft nachgehen kann, desto sicherer ist die Aussicht auf eine erfolgreiche Brut.

Die Eiablage

Sobald das Weibchen sein Nest fertiggestellt hat, wird es das erste Ei legen. Dies geschieht fast immer in den frühen Morgenstunden. Meist erhebt sich die Henne beim Auspressen des Eies und steht mit geöffnetem Schnabel im Nest.

Danach sitzt sie erschöpft da und ruht sich aus. Bei manchen Vögeln merkt man dagegen kaum, wenn sie legen.

Was Sie jetzt tun müssen: Es ist wichtig, daß Sie nach diesem ersten Ei Ausschau halten, denn Sie müssen nun in das Zuchtgeschehen eingreifen. Und zwar aus folgendem Grund: Die freilebenden Verwandten des Kanarienvogels, die Kanarengirlitze, brüten erst, wenn das Gelege vollständig ist. Durch die

Domestikation unserer Kanarienvögel ist dieses Verhalten jedoch
verlorengegangen, und die
Weibchen beginnen fast immer
schon nach Ablage des ersten Eies
mit dem Brüten. Da 4 bis 6 Eier im
Abstand von je einem Tag gelegt
werden, bedeutet dies, daß auch die
Jungen nacheinander schlüpfen. Das
erste ist dann unter Umständen
schon 6 Tage alt, wenn das 6.
schlüpft. Diese Spätlinge haben
leider wenig Überlebenschancen,
denn sie bleiben ihren Geschwistern
im Kampf ums Futter unterlegen –
wenn sie nicht sogar von ihnen
erdrückt werden. Es ist also not-
wendig, daß alle möglichst an einem
Tag schlüpfen.

Ihre Aufgabe: Nehmen Sie dem
Weibchen an jedem Tag ein Ei weg,
bis das Gelege vollständig ist. Erst
dann erhält es alle Eier zurück und
kann mit dem Brüten beginnen.
Damit Sie den Ablauf nicht durch-
einanderbringen, ersetzen Sie die
echten Eier am besten durch
Kunsteier aus Gips oder Plastik (im
Zoofachhandel erhältlich). Das echte
Gelege heben Sie in einer offenen,
weichgepolsterten Schachtel auf,
die Sie vor Stößen, Schütteln, Hitze
und Frost schützen. Zum Austauschen der Eier einen Löffel verwenden und äußerst vorsichtig
vorgehen. Die winzigen Vogeleier
sind sehr zerbrechlich.

Mein Tip: Auch alleingehaltene
Kanarienweibchen legen mitunter
Eier, die natürlich nicht befruchtet
sind. Lassen Sie in diesem Falle das
Weibchen die Eier bebrüten, bis es
das Gelege von selbst aufgibt.
Würden Sie die Eier einfach weg-
nehmen, könnte es zu weiteren
Eiablagen kommen, die den Vogel
unnötig schwächen würden.

Nicht immer sind alle Eier befruchtet.

Um Wärme bemüht, kuscheln die Küken sich aneinander.

Die Brutzeit
Bei Kanarien ist es üblich, daß das
Weibchen allein brütet und nicht
vom Männchen abgelöst wird. Es
verläßt das Gelege nur kurz am
Morgen und am Abend, um Kot
abzusetzen und zu trinken. Die
übrige Zeit wird es vom Männchen
mit Nahrung aus dessen Kropf
versorgt. Normalerweise sitzen
Kanarienweibchen sehr fest und
ausdauernd auf ihren Eiern.
Ausnahmen gibt es bei jungen,

49

unerfahrenen Weibchen, deren Bruttrieb noch nicht so ausgebildet ist, oder bei sehr nervösen Vögeln. Sie verlassen hin und wieder mitten in der Brutzeit ihr Gelege. Dagegen hilft nur größtmögliche Ruhe am Käfig. Züchter, die mehrere brütende Weibchen zur Verfügung haben, schieben die verlassenen Eier in diesem Fall einem anderen Weibchen unter, dessen Gelege gleich alt ist. Hat man keine solchen Ersatzmütter, kann man nur hoffen, daß es beim nächstenmal besser klappt. Erweist sich ein Weibchen auf die Dauer als unzuverlässig in der Brut oder auch bei der Aufzucht der Jungen, sollte man es austauschen.

Der Jungvogel wird sowohl vom Vater als auch von der Mutter mit vorverdauter Nahrung aus dem Kropf versorgt.

Eikontrolle: Ab dem 4. Tag nach Brutbeginn können Sie, wenn Sie wollen, kontrollieren, ob auch alle Eier befruchtet sind. Halten Sie dazu jedes Ei gegen das Licht (Glühbirne oder Taschenlampe). Bitte vorsichtig anfassen, die dünnen Schalen halten nicht viel Fingerdruck aus. In be-fruchteten Eiern erkennt man den Embryo als dunkleren Fleck und sieht feine rote Adern. Unbefruchtete Eier sind klar und gleichmäßig durchsichtig. Auch auf einem unbefruchteten Gelege sollten Sie das Weibchen seine Brutzeit von etwa 14 Tagen absitzen lassen, damit es nicht plötzlich aus seinem Rhythmus gerissen wird.
Daß Eier nicht befruchtet sind, ist gar nicht so selten. Auch bei Wildvögeln in natürlicher Umgebung finden sich hin und wieder unbefruchtete Eier im Gelege. Stellt sich jedoch heraus, daß ein Paar ständig unbefruchtete Eier produziert, bleibt wiederum nur der Austausch, zunächst des Männchens, und wenn das nicht hilft, des Weibchens.

Das Schlüpfen

Nach einer Brutzeit von 13 bis 14 Tagen ist es soweit: Die Jungen schlüpfen. Sie klopfen von innen mit Hilfe ihres Eizahns, einer kleinen Kalkspitze auf dem Oberschnabel, ein Loch in die Eischale und erweitern es nach und nach. Schließlich strecken sie sich im Ei und sprengen damit die Schalenkappe am stumpfen Eipol ab. Für mich sind die kleinen Vogelkinder von einer rührenden Häßlichkeit: Nackt mit Ausnahme von ein paar Dunenfedern, und mit geschlossenen großen Augen, die halbkugelig hervortreten, liegen sie da und reißen hungrig ihre Schnäbel auf.

Familienleben

Die Kleinen werden nun von der Mutter gewärmt (gehudert) und am nächsten Tag schon gefüttert. Am Schlupftag selbst brauchen die Vogelkinder noch kein Futter. Die

Natur hat für sie den Dottersack als kleinen Vorrat vorgesehen, der am letzten Tag im Ei noch in die Bauchhöhle eingezogen wird. Die Futterbeschaffung übernimmt der Vater. Oft füttert er auch die Jungen direkt, wobei er vorverdaute Nahrung aus dem Kropf hochwürgt. Die Vogelmutter hält das Nest peinlich sauber, indem sie die mit einer dicken Schleimhaut umgebenen Kotballen der Kinder frißt oder aus dem Nest trägt. Nach 7 bis 8 Tagen ist diese Haut nicht mehr vorhanden und die Jungen suchen nun den Nestrand, stemmen sich mit dem Hinterteil daran hoch und werfen ihren Kot schwungvoll darüber ab. Bis etwa zum 16. Tag dauert das Nesthockerdasein der Kleinen. Danach verlassen sie ihr Nest, werden aber noch einige Zeit von den Altvögeln mitgefüttert.
Mein Tip: Ist der Käfig groß genug, können Sie die Familie zusammenhalten. Beginnt das Weibchen jedoch, den Jungen die Federn zu rupfen, weil es ein neues Nest bauen möchte, trennen Sie die Jungvögel am besten von den Eltern.

Vorsichtige Nestkontrolle

Bis zum 14. Lebenstag können Sie ruhig hin und wieder ins Nest sehen. Danach lassen Sie es besser sein. Bisher haben sich die Kleinen nämlich tief in die Nestmulde geduckt und aneinandergedrängt, nun aber regt sich ihr Fluchttrieb. Beim Versuch, Ihrer großen Hand zu entkommen, könnten sie aus dem Nest springen und sich dabei verletzen.
Mein Tip: Falls ein Junges aus dem Nest fällt, halten Sie es in beiden Händen etwa eine Viertelstunde lang in die Nähe eines Heizkörpers und setzen es anschließend zurück.

Entwicklung der Jungen im Überblick

1. bis 5. Tag: Die Küken haben noch geschlossene Augen und liegen oft in Embryonalhaltung mit zum Bauch hin eingekrümmtem Hals.
6. Tag: Die Augen öffnen sich. Blutfederkiele werden sichtbar.
7. bis 8. Tag: Selbständiges Kotabsetzen über den Nestrand.
12. Tag: Die Federn sind durchgebrochen und haben sich weitgehend entfaltet.
17. bis 18. Tag: Die Jungkanarien verlassen das Nest, werden aber noch von den Altvögeln mitgefüttert.
30. Tag: Völlige Selbständigkeit.
2. bis 4. Monat: Jugendmauser. Alle Federn bis auf Schwingen und Schwanzfedern werden ausgewechselt. Danach gleicht das Gefieder dem erwachsener Vögel und die Jungen sind geschlechtsreif.

Spezielle Fütterungstips für Brut und Aufzucht

• Dem Weibchen Kalzium zufüttern. Das viele Eierlegen entzieht dem Körper Kalzium.
• Zusätzliches Aufzuchtfutter reichen (Zoofachhandel). Es soll den fütternden Eltern tagsüber immer zur Verfügung stehen. Dabei auf die richtige Konsistenz achten. Das Futter sollte locker und feuchtkrümelig sein.

Futterneid bei Kanarienvögeln:

Der Gelbe gibt nicht auf…

Legenot

Sitzt das Weibchen zur Brutzeit aufgeplustert und bewegungslos herum, kann es an Legenot leiden. Dies bedeutet, daß ein legereifes Ei nicht durch die Kloake herausgepreßt werden kann. Die Ursachen dafür können unterschiedlich sein. Ein normal ausgebildetes Ei kann meist nur dann nicht gelegt werden, wenn das Weibchen krank oder geschwächt ist. Häufiger kommt es vor, daß einem Ei die Kalkschale fehlt. Nur das hartschalige Ei kann dem Druck der Eileitermuskulatur folgen. Ein weiches, schalenloses Ei kommt nicht von der Stelle. Die Kalkschale bildet sich zum Beispiel dann nicht, wenn das Weibchen vor der Legeperiode nicht genügend Kalk bekommen hat. Auch bei zu jungen Weibchen kommt Legenot vor.

Wichtig: Wenn Sie noch wenig Erfahrung haben, sollten Sie unbedingt mit dem Vogel zum Tierarzt gehen. Nur sehr erfahrene Vogelhalter können verschiedene Behandlungsmethoden probieren.

Tips für Fortgeschrittene
• Infrarotbestrahlung durchführen (→ Seite 36).
• Mit einer Pipette einen Tropfen Speiseöl in die Kloake geben. Oft wird das Ei dann innerhalb einer halben Stunde ausgestoßen.
• Die Kloakenzone ganz leicht und vorsichtig massieren. Ein Ei ohne Schale läßt sich so zerdrücken und fließt dann praktisch heraus. Ein normal ausgebildetes Ei dagegen darf nicht zerdrückt werden, weil die Schalensplitter innere Verletzungen hervorrufen können.

…und wird noch einmal energisch des Platzes verwiesen.

»Verhütungsmethoden«

Normalerweise sind Kanarienweibchen nur von Frühjahr bis Frühsommer in Brutstimmung, entsprechend den 1 bis 2 Jahresbruten der Wildvögel. Überzüchtete Tiere können jedoch von diesem Rhythmus abkommen und ungewöhnlich lange in Brutstimmung bleiben. Da mehr als 2 Bruten jährlich zu belastend für das Weibchen wären, sollten Sie in diesem Fall nach der zweiten Brut »Verhütungsmaßnahmen« einleiten. Natürlich können Sie schon nach der 1. Brut einschreiten, wenn Sie nicht weiterzüchten wollen.

<u>Wie Sie Nachwuchs vermeiden:</u> Eine Möglichkeit ist, dem Weibchen keine Gelegenheit zum Nestbau zu geben, also einfach kein Nistmaterial zu reichen. Manchmal mindert das den Bruttrieb. Viele Hennen beginnen dann jedoch, bei sich oder dem Männchen Federn zu rupfen. In diesem Fall sollten Sie das Weibchen ein Nest bauen und Eier legen lassen. Nehmen Sie ihm jedes Ei gleich nach dem Legen fort und ersetzen es durch jeweils ein Kunststoffei. Das Weibchen wird dann so lange brüten, bis es nicht mehr mag. Dann können Sie das Nest wegräumen. Sie brauchen nicht zu befürchten, daß das Vogelweibchen bei diesem Vorgehen psychischen Schaden nimmt oder traurig ist. In freier Natur kommt der Verlust eines Geleges sehr häufig vor. Und selbst echte Eier sind keine Garantie für Nachwuchs, weil sie unbefruchtet sein können.

<u>Was Sie nicht tun sollten:</u> Präparate verabreichen mit dem Ziel, den Bruttrieb der Vögel herabzusetzen. Erstens nutzen sie wenig, zweitens sind sie schädlich.

<u>Zu den Bildern:</u> Zankereien um begehrte Leckerbissen verlaufen bei Kanarienvögeln in der Regel harmlos. Meist genügen Drohgebärden und erregte Rufe eines Vogels, um den anderen vom Futternapf zu vertreiben.

53

Kanarienvögel verstehen lernen

Wer den Ansprüchen seines Kanarienvogels gerecht werden will, muß lernen, typische Verhaltensweisen seiner Art zu erkennen und damit umzugehen. Dabei soll dieses Kapitel helfen. Neben den anatomischen Besonderheiten werden Sie einiges über das Verhalten Ihres Kanarienvogels erfahren.

Der Kanariengirlitz

Die wilde Stammform des Kanarienvogels, der Kanariengirlitz mit dem wissenschaftlichen Namen *Serinus canaria canaria,* kommt auf den Kanarischen Inseln, Madeira und den Azoren vor. Mit unserem heimischen Girlitz (*Serinus serinus*) ist er nahe verwandt.

Wie er aussieht: Der Kanariengirlitz ist etwas kleiner als die meisten Zuchtformen. Das für den Hauskanarienvogel so typische Gelb haben auch die Wildvögel in Teilen ihres Gefieders,

Ein großer Untersetzer für Blumentöpfe bietet dem Vogel ausreichend Platz, um auch die Flügel ins Wasser tauchen zu können.

doch ist es stark mit Grün, Gelbgrün und Schwarzbraun vermischt. Die Weibchen sehen etwas unscheinbarer aus als die Männchen.

Wo er vorkommt: Offene Landschaften in flachen Regionen oder Hanglagen sind bevorzugte Plätze des Kanariengirlitzes. Dort bieten Bäume und Büsche Versteckmöglichkeiten, und es gibt genügend Futter.

Wie er lebt: Die Brutzeit der Kanariengirlitze beginnt im Februar oder März. Dann verstärkt sich der Gesang der Männchen und sie zeigen einen Balzflug. Sobald ein Männchen auf diese Weise ein Weibchen gefunden hat, beginnt dieses mit dem Nestbau, meist in einer Astgabel in Stammnähe in etwa 2 bis 3 m Höhe. 1 bis 2 Bruten kommen in einem Sommer vor. Nachdem die letzten Jungen selbständig geworden sind, schließen sich die Kanariengirlitze zu größeren Schwärmen zusammen und ziehen im Winterhalbjahr auf der Suche nach Nahrung auf den Inseln umher.

Ein perfektes System: Vogelfedern

Funktionen: »Nämlich, dieses weiß ein jeder, wärmehaltig ist die Feder«. So hat Wilhelm Busch eine wesentliche Aufgabe der Feder beschrieben. Tatsächlich regulieren Vögel ihre Körpertemperatur durch ihr Gefieder. Das können Sie an Ihrem Kanarienvogel beobachten: Wird ihm zu kalt, plustert er sich auf, so daß viel Luft zwischen die Federn gelangt. Diese heizt sich durch die Körperwärme auf und bildet ein Wärmepolster. Wird ihm dagegen zu warm, legt er die Federn dicht an, drückt dadurch die Luft zwischen ihnen heraus und entledigt sich damit der Isolierschicht. Zudem gleichen Vogelfedern Unebenheiten des Körpers aus und verleihen ihm die nötige Stromlinienform. Und schließlich: Ohne Federn könnten Vögel nicht fliegen.

Federtypen: Man unterscheidet Dunen, Kontur-, Steuer- und Schwungfedern. Dunen sorgen vor allem für Wärmeschutz, Konturfedern für die stromlinienförmige Gestalt. Steuer- und Schwungfedern dienen dem Manövrieren in der Luft.

Material: Federn bestehen wie Haare, Krallen und Hörner aus einem Protein namens Keratin. Diese Substanz verleiht große Festigkeit und Biegsamkeit.

Zahlen: In einem Buch fand ich interessante Ergebnisse amerikanischer Forscher, die sich die Mühe gemacht hatten, alle Federn des Haussperlings zu zählen. Da der Haussperling von der Größe her dem Kanarienvogel entspricht, lassen sich die Zahlen in etwa übertragen: Im Winter hatten die Vögel 3 546 bis 3 615 Federn, im Sommer nur 3 138 bis 3 197. 3 600 Federn wogen lediglich 1,9 g. Das sind 6,6 % des Vogelkörpergewichts von 29 g.

Warum Kanarienvögel fliegen können

Daß Ihrem Kanarienvogel der älteste Traum der Menschheit, das Fliegen, so selbstverständlich gelingt, hat mehrere Gründe. Es gibt eigentlich kein Merkmal, das nicht direkt oder indirekt mit seiner Flugfähigkeit zu tun hat. Ich will mich im folgenden auf die wesentlichsten »technischen Besonderheiten« beschränken.

Das leichte Skelett: Die Knochen des Kanaris sind stabil, aber leicht gebaut und zum Teil hohl. Auch der kräftige Schnabel birgt im Innern mehr Luft, als man ihm von außen ansieht. Die schweren Körperteile, vor allem die Flug- und Beinmuskeln, liegen eng am Brustkorb und an der Wirbelsäule an. So kann der Vogel im Flug sehr gut das Gleichgewicht halten.

Die Lungen: Sie sind außerordentlich leistungsfähig und können der Luft auch in großen Höhen noch Sauerstoff

Zwei Kanarienvögel drohen sich mit abgespreizten Flügeln und aufgerissenen Schnäbeln. Solche Zankereien können auch bei sonst friedlich zusammenlebenden Vögeln vorkommen, verlaufen aber in der Regel harmlos.

entnehmen. Von den Vogellungen aus erstrecken sich Luftsäcke zwischen die großen Flugmuskeln und andere Körperteile. Sie sorgen vor allem für Kühlung, damit die Muskeln beim Flug nicht »überhitzen«. Die Luftsäcke nehmen bis zu einem Fünftel des Körpervolumens eines Vogels ein. Dadurch verringert sich dessen spezifisches Gewicht, und er erhält beim Fliegen wie ein Luftballon Auftrieb.

Daß ein Kanarienvogel beim Schlafen nicht von der Sitzstange fällt, bewirkt ein Muskel-Sehnen-Mechanismus in den Beinen. Bei eingeknickten Beingelenken hält eine Sehne die Zehen automatisch in gekrümmter Lage, fest um den Ast geschlossen.

Der hohe Stoffwechsel: Fliegen braucht viel Kraft. Dabei hilft dem Kanarienvogel sein hoher Grundumsatz, das heißt, die Geschwindigkeit, mit der er seine Nahrung verbrennen und in Energie umwandeln kann. Der Energieverbrauch beim Fliegen ist etwa fünfzehnmal größer als im Ruhezustand.

Die Sinnesleistungen

Sehvermögen: Unter den Sinnesorganen der Vögel steht das Auge an der Spitze. Vögel orientieren sich in erster Linie optisch. Sie sehen monokular, das heißt, die beiden großen Augen arbeiten unabhängig voneinander. Der Gesichtskreis ist sehr weit (bei Kanarienvögeln etwa 320°). Auch die Beweglichkeit des Vogelauges ist recht groß. Während der Mensch den Augapfel in der Lidspalte hin- und herbewegt, bleibt bei den Vögeln die Pupille bei jeder Bewegung in der Mitte der Lidspalte. Zum Schließen der Augen schiebt sich bei Vögeln das untere Augenlied nach oben.

Gehörsinn: Vögel haben ein sehr gutes Hörvermögen. Im Grundbauplan entspricht das Vogelohr dem der Säugetiere, nur fehlt ihm das äußere Ohr, also die Ohrmuschel.

Geruchsinn: Das Geruchsvermögen ist schlecht entwickelt und bedeutungslos.

Geschmackssinn: Spielt bei Vögeln keine große Rolle.

Wie der Kanarienvogel singt

Vielleicht haben Sie schon beobachtet, daß Ihr Kanarienvogel sich beim Singen regelrecht in Positur setzt, den Kopf nach oben reckt und einen vollen Kropf bildet. Das hängt damit zusammen, daß er die Töne in der Luftröhre bildet. Soweit bekannt ist, können Vögel nur beim Ausatmen Laute hervorbringen. Trotzdem scheint der Gesang des Harzer Rollers fortlaufend. Das liegt zum einen daran, daß er einen großen Luftvorrat besitzt, zum anderen bemerkt man die sehr kurzen Atempausen kaum. Singvögel atmen nämlich etwa zwanzigmal pro Sekunde.

Zudem ist das Atmungssystem der Vögel so angelegt, daß sie sowohl beim Ein- als auch beim Ausatmen frischen Sauerstoff aufnehmen können.

Wie der Kanarienvogel schläft

Vögel sind tagaktiv, daß heißt sie sind tagsüber munter und schlafen nachts in der Regel tief und fest. Am Tag könnten sie sich das nicht leisten, weil sie sonst zu schnell Opfer eines Räubers würden. Im Käfig und unter menschlicher Obhut kann Ihr Kanarienvogel allerdings auch tagsüber einmal ein Nickerchen machen. Die Erfahrung hat ihn gelehrt, daß ihm dort nichts geschehen wird. Aber lange dauert solch ein Tagesschlaf nie.

Zum Schlafen plustert sich der Vogel meist etwas auf, dreht den Kopf um 180° auf den Rücken, steckt den Schnabel zwischen die Rückenfeder und schließt die Augen (→ Zeichnung, Seite 58).

Die Körperfedern werden etwas aufgeplustert, um die Wärme am Körper zu halten, oft wird ein Bein eingezogen. Daß ein Vogel beim Schlaf nicht vom Ast fällt, verhindert ein Muskel-Sehnen-Mechanismus in den Beinen: Bei abgeknicktem Knie- und Laufgelenk hält eine Sehne die Zehen automatisch in gekrümmter Lage, fest um den Ast geschlossen.

Kolbenhirse ist ein wichtiger Bestandteil der Vogelnahrung und obendrein sehr begehrt.

Die Kunst der Körperpflege

Wegen ihrer empfindlichen Feinstruktur bedürfen Vogelfedern ständiger Pflege. Sie werden beobachten können, daß Ihr Kanari sehr viel Zeit mit Körperpflege verbringt. Der Putzvorgang läuft dabei nach angeborenen Regeln ab, die der Vogel im Laufe der Jahre perfektioniert.

<u>Wie der Kanari sich putzt:</u> Geputzt wird mit Schnabel und Krallen, wobei sich der Vogel teilweise akrobatisch verrenkt. Mit der Schnabelspitze greift er einzelne Federchen und ordnet sie. An den Körperpartien, die er mit dem Schnabel nicht erreicht – Nacken, Kehle und Oberkopf –, kratzt er sich mit den Zehen. Dazu nimmt er zum Beispiel das linke Bein hoch, spreizt gleichzeitig den linken Flügel etwas vom Körper ab, führt das Bein zwischen Körper und Flügel hindurch und kratzt. Verhaltensforscher sagen dazu: Er kratzt sich »hintenherum«. So machen es alle Singvögel. Andere Vogelarten kratzen sich »vornherum«,

das heißt, sie spreizen den Flügel nicht ab, sondern führen das Kratzbein außen vor dem Flügel vorbei. Auffallend ist, daß Vögel sich nie am Bauch oder am Rücken kratzen.

Die großen Flügel- und Schwanzfedern zieht der Kanarienvogel einzeln durch den Schnabel.

Um die Federn geschmeidig und möglichst wasserabstoßend zu halten, werden sie mit einem fettigen Sekret aus der Bürzeldrüse vor dem Schwanzansatz eingerieben. Mit weit zurückgebogenen Köpfchen nimmt der Kanari mit dem Schnabel das Sekret aus der Drüse und streicht es über seine Federn.

Beendet wird das Putzzeremoniell dadurch, daß sich der Kanari schüttelt und die Federn etwas aufplustert. Das hat folgenden Grund: Beim Aufplustern nehmen die einzelnen Federn voneinander Abstand und kommen in die richtige Lage. Beim anschließenden »Dünnmachen« landen sie so am richtigen Platz.

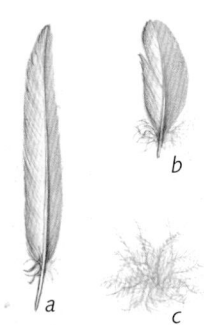

Federtypen: a) Schwungfeder des linken Flügels. Sie hilft dem Vogel beim Steuern in der Luft. b) Konturfeder. Sie sorgt für die stromlinienförmige Gestalt. c) Dunenfeder. Sie bietet Wärmeschutz.

Verhalten untereinander

Wenn Sie ein Pärchen oder mehrere Kanarienvögel besitzen, können Sie ein reichhaltiges Repertoire an Verhaltensweisen beobachten.

<u>Gegenseitige Gefiederpflege:</u> Körperpartien, die Kanarienvögel beim Putzen mit dem Schnabel nicht erreichen, bieten sie häufig dem Partner zur Pflege an. Als Aufforderung zum Putzen streckt einer dem anderen also Nacken, Kopf oder Kehle entgegen. Dieser zieht nun an der dargebotenen Stelle eine Feder nach der anderen durch den Schnabel. Berührt er aber einmal andere Körperstellen, wird der Geputzte sofort unruhig, pickt nach ihm oder fliegt weg.

<u>Aggressives Verhalten:</u> Obwohl Kanarienvögel sehr friedliche und verträgliche Vögel sind, kommt es hin und wieder zu Streitigkeiten. Grund dafür können verschiedenste Dinge sein: Begehrtes Futter, ein Sitzplatz oder Nistmaterial. Oft beruht der Streit aus gegenseitigem Drohen, wonach der Unterlegene schon

Typische Schlafhaltung eines Kanarienvogels: Das Köpfchen im Rückengefieder vergraben, die Federn leicht aufgeplustert, um die Wärme im Körper zu halten.

aufgibt. Wenn Sie mehrere Vögel in einer Voliere halten, sollten Sie darauf achten, ob vielleicht ein bestimmter Vogel oft gejagt wird und nicht ans Futter darf. Setzen Sie den Vogel in diesem Falle unbedingt in einen anderen Käfig. Er kommt sonst nicht zur Ruhe und kann unter Umständen an Herzversagen eingehen.

Die Funktion des Gesangs

Die Häufigkeit und Ausdauer, mit der Kanarienmännchen ihr Lied vortragen, lassen oft vergessen, welcher Sinn eigentlich dahintersteckt. Die Schönheit des Gesangs nährt die Illusion, Kanarienvögel seien musikalische Entertainer, die ihren Besitzern eine Freude machen wollen. Dabei ist ihr Lied in freier Natur an

Die Körpersprache des Kanarienvogels

Was der Vogel macht	Was es bedeutet
Abspreizen der Flügel	Drohgeste zu Artgenossen, oder sich strecken und abkühlen
Auf einem Bein sitzen	Der Vogel ist entspannt und fühlt sich wohl
Aufplustern	Ausdruck von Behaglichkeit, kann aber auch Krankheitszeichen sein
Aufsperren des Schnabels (Hecheln)	Drohgeste, aber auch Zeichen für das Bedürfnis nach Abkühlung
Hacken mit dem Schnabel	Zeichen für Aggression
Kopf in das Gefieder stecken	Schlafstellung, Ausdruck großer Entspanntheit und Vertrautheit, kann aber auch Krankheitsanzeichen sein
Köpfchen schief halten	Aufforderung an den Partner zum Kraulen. Beobachten mit einem Auge
Putzen, gegenseitig	Sympathiebekundung zweier Vögel
Schnabelwetzen	Reinigungshandlung, aber auch Beschwichtigungsgeste zu Artgenossen
Schnäbeln	Zeichen großer Zuneigung bei zwei Vögeln
Schütteln des Gefieders	Oft nach Putzen und Baden zum Ordnen der Federn, aber auch Befreiung von einer Anspannung (nach einem Schmerz oder Schreck)
Schütteln des Kopfes	Zeichen für Ekel
Sperren (weites Öffnen des Schnabels)	Bei jungen Vögeln Aufforderung zum Füttern
Strecken des Körpers, ausgestellte Flügel	Ausdruck für Überhitzung. Bedürfnis nach Abkühlung
Strecken des Körpers, eng angelegtes Gefieder	Zeichen starken Erschrockenseins, Demutsgebärde
Tanz	Imponierendes Werben um ein Weibchen

Artgenossen gerichtet. Es kommt einem Kanarienmännchen lediglich darauf an, mit der Stimme sein Revier zu markieren und Weibchen anzulocken.

Reviermarkierung: Das Männchen besetzt ein Revier und tut dies unter anderem durch sein Singen kund. Meist geschieht dies von einem Baum oder Busch aus, manchmal aber auch im Flug über seinem Revier. Solche Singflüge kann man im Frühjahr auch beim heimischen Girlitz häufig beobachten.

Werbung um ein Weibchen: Ein Weibchen in Paarungsstimmung läßt sich vom Gesang des Männchens anlocken. Gefällt ihm beides, gesellt es sich für die Dauer der Brutzeit zu dem Männchen.

Begleitung beim Nestbau: Kanarienweibchen betreiben den Nestbau viel intensiver, wenn das Männchen dazu singt. Dieser Mechanismus wirkt selbst dann, wenn der Gesang nur vom Tonband vorgespielt wird. Die Weibchen reagieren sogar auf ein umfangreicheres Repertoire im Männchengesang, indem sie schneller ihre Nester bauen und mehr Eier hineinlegen, als wenn sie nur einen ärmlichen Gesang hören. Übrigens haben ältere, erfahrenere Männchen ein größeres Gesangsrepertoire. Freilebende Kanarienvögel lernen von Jahr zu Jahr dazu, wenn sie auch manche Elemente wieder vergessen.

Können Weibchen singen?

Kanarienweibchen singen selten und so leise, daß sie meist überhört werden. Dennoch haben sie die Anlage zum Singen. Es fehlen ihnen nur die männlichen Geschlechtshormone, die für Häufigkeit und Intensität des Kanariengesangs zuständig sind. Dies belegt folgender, von H. Voss durchgeführter Versuch: Einem Kanarienweibchen wurden täglich Androgene, das sind männliche Geschlechtshormone, gespritzt. Nach 12 Tagen begann es zu singen, zuerst zaghaft und mit Unterbrechungen, in den darauffolgenden Tagen jedoch häufiger und sicherer. Schließlich zeigte es das typische Rollen des Kanarienhahns und nahm sogar eine Körperhaltung ein, die man bei Weibchen sonst nicht beobachten kann: Hochgereckt wendete es beim Singen den Kopf hin und her und sträubte die Federn an der Kehle. Dieser Zustand hielt an, solange der Vogel gespritzt wurde. Danach nahmen Häufigkeit und Intensität ab, bis das Weibchen wieder ganz verstummte.

Warum der Kanarienvogel sich nicht greifen läßt

Gegriffen zu werden ist für einen Vogel das Schlimmste, was ihm passieren kann. Im Freileben würde er nämlich kurz darauf aufgefressen werden. Er hat eine angeborene Angst davor. Auch bringen Ihre Finger sein Gefieder arg durcheinander, und das ist auch etwas, das jeder Vogel dringlichst zu vermeiden sucht. Ein sauberes, glatt anliegendes Federkleid ist für ihn nämlich ungeheuer wichtig, weil er nur damit vor Nässe und Kälte geschützt ist. Deswegen verbringen Vögel auch soviel Zeit mit der Gefiederpflege.

Aus Liebe und Verantwortung

Heimtiere machen nicht nur Kindern, sondern der ganzen Familie viel Freude. Und ob Hund, Hamster oder Wellensittich – wer sich einmal an den kleinen Liebling gewöhnt hat, möchte ihn nicht mehr missen. Deshalb ist es wichtig, über die Bedürfnisse der Tiere wirklich Bescheid zu wissen. Die **GU Tier-Ratgeber** – von anerkannten Autoren geschrieben – sind ideal als Helfer bei der artgerechten Haltung mit Herz und Verstand. GU Ratgeber gibt es zu allen beliebten Tierarten. Sie sind auch für Kinder geeignet, die ihr Tier selbst versorgen wollen.

34,80 DM/272,-öS/34,80 sFr.

12,80 DM/100,-öS/12,80 sFr.

14,80 DM/116,-öS/14,80 sFr.

12,80 DM/100,-öS/12,80 sFr.

12,80 DM/100,-öS/12,80 sFr.

**Mehr draus machen.
Mit GU.**

Sachregister

Die **halbfett** gesetzten Seitenzahlen verweisen auf Farbfotos und Zeichnungen. U = Umschlagseite.

Adressen und Bücher, die weiterhelfen

Vereine

AZ – Vereinigung für Artenschutz, Vogelhaltung und Vogelzucht, e.V. Geschäftsstelle: Helmut Uebele, Postfach 1168, D-71501 Backnang

DKB (Deutscher Kanarien-züchter-Bund e.V.). Präsident: Norbert Siepmann, Ulmenstraße 6, D-46539 Dinslaken-Hiesfeld

ÖKB (Österreichischer Kanarien- und Vogelliebha-berbund). Präsident: Franz Holy, A-2123 Traunfeld 119

Zoologische Gesellschaft Österreichs, Haus des Meeres, Esterhazypark 6, A-1060 Wien

Exotis – Schweizerische Vereinigung für Zucht und Pflege exotischer Vögel. Sekretär: Bruno Steffen, Dorfstraße 23, CH-3364 Seeberg

Fragen zur Tierhaltung beantworten:

Ihr Zoofachhändler
Ihr Tierarzt
Zentralverband Zoologischer Fachbetriebe Deutschlands e.V., 63204 Langen, (nur telefonische Auskunft möglich), Telefon: 0 61 03 / 91 07 32

Bücher

Falls eines der genannten Bücher im Handel nicht mehr erhältlich ist, können Sie es sicherlich in Bibliotheken finden.

Bielfeld, H.: *Kanarien*. Eugen Ulmer Verlag, Stuttgart

Böhm, W.: *Leitfaden des Kanarienliedes*. Hanke-Verlag, Nürnberg.

Hahn, U.: *Vogelkrankheiten*. Verlag M. und H. Schaper, Hannover

Robiller, F.: *Vogelkäfige und Volieren. Bau – Gestaltung – Zubehör*. Augustus Verlag, Augsburg

Sabel, Karl: Naturgemäße Finkenzucht. Joko-Verlag, Bassum

Zeitschriften

AZ-Nachrichten. Vereinsgebundene Zeitschrift für Mitglieder AZ

Gefiederter Freund. Offizielles Organ der Schweizerischen Vereinigung für Zucht und Pflege exotischer Vögel (Exotis)

Die Gefiederte Welt. Eugen Ulmer Verlag, Stuttgart.

Kanarienfreund. Hanke-Verlag, Pforzheim

Die Voliere. Verlag M. und H. Schaper, Alfeld/Leine

Wichtige Hinweise

Menschen, die an einer Feder- beziehungsweise Federstauballergie leiden, sollten keine Vögel halten. Fragen Sie im Zweifelsfall vor der An-schaffung den Arzt.

Die »Papageienkrankheit« (Psittakose, Ornithose, Seite 41) tritt heute bei Kanarienvögeln sehr selten auf, aber sie kann bei Menschen und Kana-rienvögeln zum Teil lebensgefährliche Krankheits-erscheinungen hervorrufen. Gehen Sie deshalb im Zweifelsfall mit dem Kanarienvogel zum Tierarzt (→ Seite 36), suchen Sie bei Erkältungs- oder Grippeerscheinungen unbedingt selbst den Arzt auf und weisen diesen auf die Vogelhaltung hin.

Die Fotos auf dem Umschlag:
Umschlagvorderseite: Gelber Kanarienvogel.
Umschlagseite 2: Vier Farbenkanarien.
Von links nach rechts: rot-intensiv,
pastellrot, nicht-intensiv, rotisabelle-
mosaik, gelb, nicht-intensiv.
Umschlagrückseite: Kanarienvogel
beim Baden.

Die Fotografen:
Cees Scholtz: Seite 44, 45; Karin Skog-
stad: Seite U1; Konrad Wothe: Seite 48,
49; Uwe Anders: alle übrigen Bilder.

© 1990 Gräfe und Unzer Verlag GmbH,
München
Inhaltlich unveränderte Ausgabe der
2. Auflage.

Redaktionsleitung: Hans Scherz
Redaktion: Renate Weinberger
Lektorat: Christine Schulze Buschoff
Herstellung: Hanne Koblischka
Umschlaggestaltung:
Heinz Kraxenberger

Gesamtherstellung: Stürtz AG

ISBN 3-7742-2066-2

Auflage 9. 8. 7. 6. 5.
Jahr 99 98 97 96 95